히말라야와 갠지스 사이

나는 아무것도 아니다

히말라야와 갠지스 사이

나는 아무것도 아니다

1판 1쇄 | 2018년 4월 20일
2판 1쇄 | 2021년 4월 10일

지은이 인도친구
펴낸이 조병호
펴낸곳 도서출판 통독원
등 록 제21-503호(1993.10. 28)
주 소 서울시 강남구 선릉로 806
전 화 02-525-7794
팩 스 02-587-7794
저자이메일 sb8081@hanmail.net
편집디자인 세방기획 02-2268-8081

값 15,000원
ISBN 979-11-90540-26-1 03230

히말라야와 갠지스 사이

나는 아무것도 아니다

인도친구 지음

통독원

선교와 교회를 위한 간절함

3년 전 이 책의 초고를 출판사에 막 넘겼을 때 아내가 유방암 확진을 받았다. 따라서 마지막 교정 작업은 암 수술 중에 병원 복도와 병실에서 이루어졌다.

퇴원하고 며칠 후에 책이 나왔다는 연락을 받았지만 그다지 반갑지 않았다.

어쩌면 여기 기록된 사역들이 진행되는 세월 동안 아내의 몸에는 암이 자라고 있었던 것이다. 이 이야기들 속에 아내의 눈물과 고통이 담겨있음을 알기에 한동안 책을 들추어 보지도 않았다.

그리고 얼마 지나지 않아 급하게 선교지로 귀임해야 했다. 주인 잃은 책은 진열대에 한번 나가 보지도 못하고 천덕꾸러기처럼 창고에 쌓여 있다가 몇몇 지인들 손에 모두 나누어졌다.

이 책은 선교지에 처음 도착하는 그날부터 12년간 선교 현장에서 그때그때 기록해 놓았던 선교일지를 바탕으로 엮었기에 페이지마다 선교사의 땀과 눈물이 고스란히 배어있고 열정과 고뇌의 몸짓이 보이고 기도의 생생한 숨소리가 들어 있다.

선교일지를 다듬어 출간함으로 사역을 공개하고 그 정착과정을 공유하는 것이 세계선교 완성을 위해 터럭만큼이라도 도움이 되어 주님 오시는 날을 하루라도 앞당길 수 있다면 무엇이라도 해야 한다는 의무감으로 안식년 휴가기간 내내 도서관 신세를 지며 자판을 두드렸었다. 그렇게 탄생한 책인데 너무 홀대한 것 같아 책에게 미안했다.

그러던 중에 그 책을 구할 수 있느냐고 찾는 사람들이 종종 있기에 재출간을 결심하게 되었다.

"나는 아무것도 아니다" 재출간이 쏟아져 나오는 신간들 속에 묻혀 사라지는 낭비가 되지 않을까 하는 우려가 있지만 선교와 교회를 위한 한 무명 선교사의 간절함이 여러분에게 공감이 된다면 코로나19로 무너진 둑을 막는 하나의 말뚝으로 쓰임을 받으리라는 소망이 더 크다. 이러한 소망으로 노트북 바탕화면 임시파일에 묶여 대기하고 있던 초판 원고를 불러내 수정하여 다시 성령의 도우심에 맡긴다.

2021. 3. 28 종려주일

누구를 위하여

여기에 실린 시와 이야기들은 지난 12년간 인도선교 현장에서 틈틈이 기록했던 사역일기 중에서 뽑아 정리한 것들이다.

현장의 이야기들을 변변찮은 글재주를 가지고 표현하다가 사실이 본의 아니게 왜곡되면 어쩌나 하는 생각 때문에 망설임이 있었다.

그럼에도 불구하고 책을 내기로 한 것은 몇 가지 이유가 있다.

첫째는 생애 처음 안식년을 맞아 그동안의 삶을 돌아보면서 회개하는 시간을 갖고 싶었다. 그렇게라도 해야 가야할 남은 길을 올바른 방향으로 확신을 가지고 출발할 수 있을 것 같았다.

둘째는 그동안 인도선교의 길을 변함없이 함께 걸어주신 교회 공동체와 인도선교 동역자들에게 무언가 응답을 해야 할 의무감을 느꼈다. 받은 신뢰와 사랑에 비하면 너무나 초라하여 부끄럽지만 이렇게 글로나마 담아서 고백을 하고 앞으로 가야할 방향도 함께 바라보고 싶다.

셋째로 여기에 실리는 모든 이야기들은 아내와 함께 겪은 일들이고 또한 아내의 기도와 인내의 수고가 있었기에 가능한 사역들이었다.

아이들은 성년이 되도록 자신들의 의지와는 상관없이 인도라는 긴 터널 속에서 사춘기와 청소년기를 보내야 했다. 그 시기에 겪은 소외 두려움 절망의 쓴뿌리들이 글 속에 녹아져 딸과 아들의 기억의 터널 속을 비춰주는 손전등이 될 수 있다면 그동안 미안했던 마음을 조금이라도 덜 수 있겠다 싶은 희망이 책을 만들어 볼 용기를 내게 했다.

끝으로 혹시 이 책을 들추어 보게 될 모든 분들과 제자의 삶에 대하여 여전히 고민하며 십자가의 길을 끝까지 가고자 남모르게 눈물 흘리는 분들에게, 여기 실리는 글 중에 단 한 문장, 단어 하나가 공감과 연대의 표지판 혹은 깃발로 보여 질 수 있다면 더 이상 바랄 것이 없겠다.

새벽마다 깨워 글을 쓰게 하신 거룩한 영의 도우심이 있기를 바라며

SOLI DEO GLOIA

본받고 싶은 사람

산제이(유피지역 사역자)

우리는 하라 선생을 통하여 영적인 생활에 많은 성장을 이루었다.

그리고 우리의 교회사역 안에서는 그가 인도하는 제자훈련 사역을 통하여 많은 젊은이들이 예수 그리스도의 제자가 되었다.

하라 선생은 영적인 삶과 목양사역에 있어서 나의 롤모델(Role Model)이다. 왜냐하면 그의 행동은 매우 좋아 그때그때 우리에게 실질적인 도움을 주고 있기 때문이다.

हारा जी के द्वारा हमने आत्मिक जीवन में
बहुत उन्नति प्राप्त की है, और हमारी
सेवा (कलेस्थिय) में उनके चेला ग्रुप
सेवकाई के द्वारा कई जवान मसीह में
बचारगर है,
हारा जी एक माध्यमिक जीवन और
सेवकाई जीवन के लिए मेरे लिए एक
रोल मॉडल है, क्योंकि उन का व्यवहार
बहुत अच्छा है, और वे समय समय
पर हमारी आर्थिक सहायता भी
करते है, धन्यवाद !

Sanjaya

제자 사역자들이 현지어(힌디)로 보내온 글을 번역하여 싣는다.
하라(Hara)는 지은이의 인도 이름이고 푸르름이라는 뜻이다.

축복의 통로

비쉬누(편잡지역 사역자)

나는 하라 선생의 삶을 인하여 하나님께 감사를 드린다.

그를 통하여 나의 가족과 교회는 주님의 복을 많이 받고 있다. 그는 우리에게 와서 언제나 하나님 말씀으로 우리를 깨우쳐 준다. 성경을 어떻게 읽고 가르칠 것 인지 그리고 교회를 어떻게 섬길 것인지에 대하여 가르쳐 준다.

나의 가족은 그가 언제 우리에게 올지 늘 기다리며 준비한다. 그러다가 그가 오게 되면 우리 가족과 교회 모두에게 축복의 통로가 된다.

모든 교회가 그를 매우 사랑한다. 하라 선생의 삶에 교만함이라고는 전혀 없다. 그는 사람들의 발을 씻어 주듯이 섬기고 우리 집에 오면 처마 밑의 낮은 간이침대에서 잠을 잔다. 이처럼 그는 참으로 겸손한 사람이다.

परमेश्वर का धन्यवाद करना है
पास्टर हाग पार्क जी के जीवन के लिए, जिनके द्वारा
में, मेरा परिवार और मेरी कलीसिया बहुत आशीषित
होते हैं। जब भी वह हमारे पास आते हैं, तो वह
हमें प्रभु के वचन के द्वारा उत्साहित करते हैं, हमें
बाइबल कैसे पढ़ना है, सिखाते हैं। कलीसिया को कैसे
चलना चाहिए, वो भी सिखाते हैं। प्रभु के दास इतने
अच्छे हैं कि मैं और मेरा परिवार इंतजार करते रहते
हैं कि वो कब यहाँ आए। जब भी वो यहाँ आते
हैं हम सब के लिए आशीष का कारण बनते हैं।
पास्टर हाग पार्क जी के जीवन में बिल्कुल भी घमंड
नहीं हैं, वह बहुत नम्र व्यक्ति हैं। उनके हमारे यहाँ
आने से, हमारे कलीसिया के लोग बहुत आशीषित होते
हैं। सारे कलीसिया इनको बहुत प्यार करते हैं। पास्टर
हाग पार्क जा इतने नम्र हैं कि वह हमारी चर्च में
आकर लोगों के पैर धोते हैं। यहाँ तक की वो नीचे
भी सो जाते हैं। वह सचमुच बहुत ही नम्र व्यक्ति हैं।

사진으로 담은 인도이야기

푯대를 향하여 아직도 가야할 길

목 숨 걸 고
뿌리내리기
2006-2008

목 숨 걸 고
친 구 삼 기
2009-2011

누구든지 제 목숨을 구원하고자 하면 잃을 것이요
누구든지 나를 위하여 목숨을 잃으면 찾으리리(마태복음 16:25)

목숨걸고
제자훈련
2012-2015

목숨걸고
핍박견디기
(영성훈련)
2016-2017

차례 / CONTENTS

1
쟁기를 잡습니다

2
토해 내진 인생

3
히말라야와 갠지스 사이

쟁기를 잡습니다

인도친구들이 예수친구 되는 그날까지
잡은 쟁기를 놓지 않겠습니다.
히말라야 저 너머 새 하늘과 새 땅
바라보일 그때까지
뒤 돌아보지 않겠습니다.

01

쟁기를 잡습니다

히말라야 뻗어 내린 광활한 대지 향해
쟁기를 잡습니다.

억겁의 세월 윤회로 굳은 땅에
날 선 검 쟁기를 세웁니다.

화석 되어 숨 막힌 인더스 문명에
자유의 꽃이 피어나도록 씨를 뿌리겠습니다.

악취 나는 갠지스강에
생명수 흐르도록 눈물을 흘리겠습니다.

하얗게 말라버린 해골 위로 스치는 생기되어
기어이 히말라야를 넘어가겠습니다.

우상과 굴종의 멍에를 꺾고
탐욕과 오만의 고삐를 끊어
해방의 춤 함께 추는 그 날까지
쟁기를 잡겠습니다.

잡고 놓지 않겠습니다.

인도친구들이 예수친구 되는 그 날까지
잡은 쟁기를 놓지 않겠습니다.

히말라야 저 너머 새 하늘과 새 땅
바라보일 그 때까지
뒤 돌아보지 않겠습니다.

_____

+파송예배(2006년 5월 7일) 때 쓴 시로 선교지에서 게을러지거나 힘들어 지쳐서 외로울
때 그리고 일이 계획대로 되지 않아 낙심될 때 초심을 잃지 않게 하는 채찍이다.

마지막 이삿날

이삿날이 정해지고 짐을 싼다.
아니 짐을 버린다.

못 쓰는 것
안 쓰는 것
필요 없는 것
없어도 되는 것
혹시나 하고 보관해 둔 것
꼭 필요한 것만 남기고 다 버린다.
버릴 것이 너무 많다.

그 날
마지막 이삿날
무엇을 가지고 갈 수 있을까?

첫 입국

새벽 1시20분 뉴델리 인디라간디 국제공항 상공
비행기 내릴 자리가 없다고 몇 차례 선회비행을 한다.
희미한 불빛들은 벌써 지친 듯 깜박깜박 내려다 보인다.

비행기에서 내리는 찰나
45도의 뜨거운 인도가 목덜미를 감싸며
끈적하게 품에 안긴다.
짐을 끌고 나오는데
알 듯 모를 듯한 타국의 냄새가 길을 터주고
양 옆으로 늘어선 천사들은
손을 내밀며 열렬히 환영을 한다.
거주할 동네에 들어서니
어디서 왔는지 알 수 없는 개들이
컹컹대며 앞서거니 뒤서거니 호위를 한다.

V-K, 7452
먼지 가득한 빈 집에
드디어
이민가방 내려놓았다.
말없이
덩그러니
이제는
오직 네 사람
벼락 맞은 화석 되어
움직일 줄 모른다.

벌써 모국어를 잊었는가 보다.

집 없는 자유

고국에서 부친 짐이 도착하려면
한 달 걸린단다.

냄비와 숟가락
집에서 입을 옷 나갈 때 입을 옷
그래도 살아지더라.

운송이 지연되어 열흘을 더 기다리란다.
하루 두 끼에 찬 두 가지
그래도 배고프지 않더라.

텔레비전 소리 안 들리니 눈귀가 자유롭고
인터넷이 안 되니 정신이 자유하고
짐이 없으니 활동이 자유롭다
욕심마저 버리면 얼마나 자유 할까?

움켜쥠

내려놓았다고 자랑들 하지 마라.
내려놓을 것 하나 없이

처음부터 맨몸으로 평생을 살아가는 이들을
욕되게 하지 마라.
그래서
예수는 마구간에서 시작했다.

낮아졌다고 나팔들 불지 마라.
더 이상 내려갈 곳 없는 밑바닥에서
말없이 살고 있는 이들을 짓밟지 마라 제발
그래서
예수는 십자가 졌다.

너의 내려놓음이 1그램이라도 무게가 있으려면
컴퓨터 앞에서가 아니라
골방 문 걸어 닫고
하나님 앞에서 달아보라.

너의 낮아짐이 1인치라도 참이라면
카메라 아래 마이크 잡고서가 아니라
뜨거운 해 아래 십자가 지고 재보라.

그래도 자랑하고 싶어 못 참겠거든
손발을 십자가에 못 박은 후에
피 묻은 손 움켜쥐고 하라.

홀리(Holi)

보. 남. 파. 초. 노. 주. 빨 그리고 더 많은 이름 없는 색깔들을
그 색깔들보다 더 많은 색깔의 얼굴들에 바른다.

하늘색. 바다색. 황토색. 살색. 포도색. 청동색 보다 더 화려
하여 표현하지 못하는 색의 물감들을 그 물감들보다 더 많은
너와 나의 마음속에 뿌린다.

울긋불긋 같아진 얼굴들이 모두 함께 웃는다.
너는 나를 보고 웃고
나는 너를 보고 웃는다.
마음 놓고 웃는다.

웃는 색깔 물감보다 예쁘고
웃는 소리 마음만큼 퍼져간다.

---

*홀리(Holi)
힌두교의 대표적인 축제로 힌두력으로 겨울에서 봄으로 계절이 바뀌는 때에 사람들이
거리로 나와 다양한 색깔의 색 가루나 색 물감을 서로의 얼굴이나 몸에 뿌리고 발라주
는 색깔의 축제이다. 그리고 색 물감이 든 풍선을 던지거나 물총을 쏘아댐으로 울긋불긋
색 가루나 물감을 뒤집어 쓴 사람들이 같이 춤추고 노래하며 억눌린 감정과 사회적 갈등
들을 해소시키는 일종의 집단 카타르시스를 경험하기도 한다. 이때가 되면 사람들뿐 아
니라 거리의 짐승들 그리고 건물들 심지어 나무들까지 형형색색 칠이 되어 온 인도는 아
름다운 무지개가 된다.

오토릭샤 왈라(Auto Rickshaw Wala)

오토릭샤 왈라
그는 내가 아는 뻔한 길도 돌아간다.
그러다 바로 가겠지 하고 모르는 척 눈을 감는다.

그러면 또 돌아 더 멀리 간다.
이 길이 아니라고 바른길로 가라고
조용히 말한다.

못 들은 척 가던 길로 계속 간다.
잘못 가고 있다고 목소리를 높인다.

쳐다보지도 않은 채 "노프로블럼" 한다.
거울에 비친 그의 누런 이가 웃는다.

아스팔트 온도 45도
내 머릿속 온도는 그것보다 더 높이 올라간다.
목소리에 불이 확 붙는다.
싸히 짤로!(똑바로 가라!)

순간 찢어진 그의 셔츠 사이로 앙상한 갈비뼈가 보이고
갈비뼈만큼 배고픈 그의 가족들이 보인다.
미안하고 불쌍하다.
네가 알아서 가라. 포기하고 다시 눈을 감는다.

반질반질한 손을 크게 벌린다.
불어난 요금을 주고
미안하고 불쌍해 팁까지 더 얹어 준다.

탈탈탈 시커먼 연기를 날리며
먼지 속으로 사라진다.

괘씸하다 불쌍하고
불쌍하다 괘씸하다.

먼지를 뒤집어 쓰고
매캐한 연기를 잔뜩 삼킨 나는
더 불쌍하고 괘씸하다.

---

*오토릭샤 왈라(Auto Rickshaw Wala)
바퀴가 세 개 달린 삼륜 오토바이 형태의 탈것으로 인도에서는 보통 서민들이 택시처럼
많이 이용한다 오토릭샤 운전수를 '오토릭샤 왈라' 라고 부른다. 보통 오토릭샤는 미터기
가 장착되어 있어 거리에 따라 요금이 나오는데 미터기가 고장 나 있거나 아예 꺼놓고 있
어 요금 흥정을 해야 하는 경우가 많다. 특히 외국인이 타면 요금을 속이거나 먼 길로 돌
아가서 실제 요금보다 훨씬 많이 나오는 경우도 종종 있는데 정착기간에 오토릭샤 왈라
와 밀고 당기는 요금흥정은 아주 효과적인 언어실습이 되었다. 오토릭샤왈라 들은 아주
좋은 힌디어 선생님들이다.

디왈리(Diwali)

어둠 깊은 그믐밤
집집마다 크고 작은 형형색색의 등불이 켜지면
거리와 상가에서는 더 밝게 더 화려하게 장식을 하고
기다리고 기다리던
욕망의 전쟁이 시작된다.

전장으로 나가기 전 먼저 신전을 찾아
부자 되고 싶은 욕심만큼 향을 피우고
원하는 돈만큼 부의 여신 락쉬미 앞에 제물을 쌓는다.

교만과 허영의 화약을 허리에 차고
사거리에 나아가
보란 듯이 탐욕의 심지에 불을 붙인다.

성공의 희망을 담아 앞 다투어 폭죽을 쏘아 올린다.
돈의 액수만큼 불꽃이 튀고
소리만큼 높이 솟는다.
어떤 것은 대포 쏘는 소리
어떤 것은 성냥 긁는 소리

더 쏠 것 없는 아이들은 골목도 어두운 집으로 들어간다.

가진 자의 마당에선 밤새도록 미사일을 쏘아 올린다.
그 소리 지축을 흔들고
시커먼 연기는
어두운 동네 아이들 잠자는 콧구멍 속으로 들어간다.

그렇게 전쟁은 끝나고 화약연기 자욱한 아침
쓰레기 산더미는
꾸라왈라(청소부) 천민들의 원치 않는 전리품이다.

---

*디왈리(Diwali)
힌두교의 주요 축제 중에서도 가장 크게 치러지는 빛의 축제이다. 신화속의 영웅 라마가
원수를 물리치고 귀환하는 날 환영하기 위해 밝혔던 등불을 기념하여 어둠을 이긴 빛의
승리라는 의미를 담아 각종 화려한 등과 네온싸인 등으로 장식을 하고 대대적인 불꽃놀
이를 한다. 특히 이 축제 기간에는 부의 여신 락쉬미를 숭배하는 뿌자(힌두교 제사)가 행
하여지며 서로 선물을 교환하기도 한다. 인도인들은 마치 이날 폭죽을 쏘고 선물을 주고
받으면서 자신의 신분과 가진 것을 자랑하기 위해 일 년 동안 돈을 버는 것처럼 보여질
정도로 소비를 한다.

초벌 쟁기질

쟁기를 잡고 밭을 갈았습니다.
저기 밖에 있는 저 밭이 아니라 여기 안에 있는 내 마음의 밭
을 갈았습니다.
가시와 엉겅퀴 무성한 내 영혼의 돌짝밭을 갈았습니다.

아직 어슴푸레한 미명에
저기 땅이 보입니다.

오랜 세월 카스트제도의 노예 되어 휘어진 등허리 너머 아무
도 밟지 않은 황무지가 보입니다.
힌두와 이슬람의 피로 얼룩져 서 있는 탑 꾸땁미나르 위로 새
하늘과 새 땅이 보입니다.
갠지스와 야무나 강줄기 만나 흐르는 벌판에 젖과 꿀이 흐르
는 땅이 보입니다.

라자스탄 사막 지나 불어온 뜨거운 모래 바람이 몸과 마음을
사정없이 녹입니다.
용광로!
이제는 힌두교도들의 창과 이슬람들교도의 칼을 녹여

보습과 낫을 만들어 주는
성령의 용광로가 필요합니다.

히말라야 막 넘어 숨 가쁘게 달려온 바람 속에서
맨발의 성자 순다르싱의 목소리가 들립니다.
옷을 찢는 여호수아와 갈렙의 상기된 얼굴이 보입니다.

실로 이 땅은 삼키는 땅임에 틀림이 없습니다.
기골이 장대한 아리아인들이 살고 있습니다.
실제로 저들은 우리를 메뚜기처럼 여깁니다.

그러나 하나님이 기뻐하시면
저들은 우리의 형제가 될 것입니다.

힌두스탄 아름다운 땅 곳곳에
히말라야 바람에 손짓하는
여호와 닛시의 깃발

그 깃발을 눈물로 바라봅니다.

불가촉 천민(Untouchable, Dalits)

모태에 잉태되기 전부터 천민 낙인이 찍혔고
세상에 나오기 전부터 차별을 당했다.
태어나는 날 나의 울음소리보다
어머니의 탄식소리가 더 컸다.

원죄처럼 붙여진 나의 이름은 평생 벗을 수 없는 굴레
뺨맞는 아버지의 겁먹은 표정은 나의 내면의 표정이 되었고
욕을 먹으면서도 웃는 어머니의 검은 눈빛은 내 얼굴에
그림자가 되었다.

멸시 천대의 차가운 눈초리보다
얻어맞는 따귀가 더 시원했다.
나의 질투는 실컷 먹은 배가 무거워
길바닥에 깔고 누워 아직도 질겅이는 소의 침이다.

아버지를 따라 청소부가 되었다.

세상이 버리는 별별 쓰레기를 나의 좁은 품으로

다 쓸어 담는다.

누구도 가까이 가지 않는 시체 썩는 냄새와 세상 썩는 냄새를

나의 두 콧구멍으로 다 빨아들인다.

제물 넘치는 만디르(힌두교 사원)의 향냄새를 멀리서 맡으며

하루에도 몇 번씩 바그완(힌두교 신)에게 묻는다.

다음 세상에서 나는 무엇입니까?

---

*카스트제도(Caste System)
카스트제도는 바르나(Varna)와 연결이 되는데 이것은 형태(Type), 서열(Order), 피부색(Colour), 계급(Class)등의 의미를 가진다. 이것에 의하여 브라만, 크샤트리야, 바이샤, 수드라등 4계급으로 신분을 분류한다. 그리고 이것과 겹치면서 훨씬 복잡하고 다양한 출생의 의미를 가진 자띠(Jati)라는 것이 있는데 이것은 수 천개가 된다고 한다. 개인이 속한 카스트에 따라 가족과 사회전체를 유지하기 위해 반드시 해야할 의무가 다르마(Darma)인데 이 안에서 사회적 역할과 직업이 정해지고 현생에서 다르마에 얼마나 충실하게 수행했는가에 따라 내생에서의 삶이 결정된다고 하는 개념이 까르마(Karma)이다. 힌두교인들은 이러한 신분제도 시스템을 유지 강화시키기 위해 철저하게 같은 카스트 그리고 같은 자띠(Jati) 안에서만 결혼하는 것이 원칙이다. 그래서 오늘날도 대부분의 힌두교인들은 부모나 친척에 의한 중매결혼을 한다. 대부분의 젊은이들은 이러한 전통에 순응하는 편이지만 내면에는 많은 갈등이 있고 카스트의 경계를 넘어 사랑하는 연인들이 가족의 반대로 심각한 문제에 부딪치기도 한다.

*불가촉천민(Untouchable)
4개 부류의 카스트안에 포함되지 않은 계층이 불가촉천민이다. 불가촉천민은 달릿(Dalits)이라고 불리기도 하는데 오늘날은 이러한 용어 대신에 지정카스트(Scheduled Caste)와 지정부족(Scheduled tribes)이라는 용어가 사용된다. 전체인구의 25% 되는 것으로 2011년 인구조사에서 발표되었다. 이들에게는 정부에서 제공하는 혜택(공무원 일정비율 배분, 교육적 배려, 경제적 지원등)이 주어지는데 이것도 힌두교에서 다른 종교로 개종을 할 경우 자격을 박탈한다. 오늘날 인도에서 불가촉천민을 부르는 법적인 용어가 바뀐 것이지 카스트제도 자체가 없어졌다고 말할 수는 없다. 오히려 최근 들어 힌두교 원리주의 단체들에 의하여 이러한 힌두교의 근간이 되는 시스템과 관습들을 복원시키고 강화시키기 위한 시도들이 법제화나 조직운동을 통해 강하게 추진되면서 낮은 계층의 사람들에 대한 차별과 범죄는 증가 되고 있다.

자전거 릭샤 타기

기차역 가는 길에 자전거 릭샤를 탔다.
페달보다 더 앙상한 다리로 페달을 밟는다.
출발부터 삐거덕 거린다.
바퀴에서 나는 소린지 릭샤왈라 다리에서 나는 소리인지

오르막에 이르자 이를 악물고 몸 전체로 페달을 밟는다.
그 몸짓은 가족을 먹여 살리는 거룩한 제사이다.

앙상한 다리에 핏줄이 터질 듯 솟아오른다.
숨 막히는 경건함이다.
앉아 있는 것이 고문이다.
나는 더 이상 견디지 못하고 내린다.
가쁜 숨을 몰아쉬며 빈 자전거도 힘겨워 하는
그는 앞에 타고 나는 뒤에서 민다.

땀이 온몸을 적신다.
내 몸에 흐르는 땀이 그가 흘리는 땀보다 많다.

무엇이 그리 좋은지 콧노래를 부르다
진지하게 돈 받고 그가 하는 말
노프로블럼!

죽어가던 그가 돈을 보더니 생기가 돈다.
그 돈에 입 맞추고 새 사람이 되어
힘차게 쭈욱 쭉 멀어져 간다.

---

*자전거 릭샤(Cycle Rickshaw)
자전거를 개조해서 사람을 태울 수 있도록 만든 탈것으로 주로 기차역이나 버스정류장
그리고 시장 근처에서 짧은 거리를 이동할 때 이용한다. 자전거 릭샤의 운전수를 '릭샤왈
라'라고 부르는데 주로 가난한 사람들이 생계를 위해 릭샤왈라가 된다.

하나님의 방법

하나님은 기도를 통해 일하신다.
기도 하지 않고 아무 일도 할 수 없다.
기도는 하나님의 손이다.

하나님은 기도를 통해 막아주시고 물리쳐 주신다.
기도 없이 안전할 수 없다.
기도는 방패이고 무기이다.

하나님은 기도를 통해 상처를 치료하시고
막힌 담을 허물게 하신다.
기도 없이 회복 없고 기도 없이 평화 없다.
기도는 전쟁터이고 병원이다.

어디서 어떻게 억울함을 풀 수 있을까?
누가 나의 말을 들어주고 나의 사정을 알아줄까?
하나님은 기도를 통해 들으시고 기도를 통해 풀어 주신다.

기도 밖에 길이 없고
그 길은 끝이 없다.

기차

종일 기다린 사람들을 태운 기차가 느릿느릿 출발한다.
남은 이들은 군데군데 매달았다.

밀고 당기고 눌러서 흔들어 놓으면
센 놈은 센 놈대로 약한 놈은 약한 놈대로
헛기침 하며 자리 잡는다.

누운 자들 여유만만 다리를 뻗고
앉은 자들 엉덩이 밀어 붙이며 영역다툼
선자들 포기한 듯 명태처럼 마른 눈을 내리 감으면
갈길 정한 기차는 고함을 지르며 내 달린다.

기다린 듯 여기저기서 코고는 소리 애 우는 소리에
벌써부터 토악질 궤에-엑 궤에-엑크
엔진소리에 힘을 더한다.

철커덕 찰커덕 악착같이 따라붙는 바퀴 소리
끝없이 이어지는 들판을 달리고
귀한 몸 천한 몸 하나가 되어
꿈속을 달린다.
위엣것 아랫것 갈라 친 둑을 뚫고 달린다.

짜이 짜이 *짜이왈라 제품에 지치면
참았던 냄새들이 하나둘 기어 나온다.
시큼한 발 냄새는 어디 다녀온 자취이고
마살라 삭힌 방귀는 어느 집 아낙네의 맺힌 한인가?
땀이 땀을 적시는 끈적한 냄새는 또 어느 천민 삶의 무게이고
자던 아가씨 돌아 눕게 하는 갈색 암내는 어느 카스트의
유물인가?

부아– 앙 뿌하–항
어둠속 그 먼 길 홀로 걷던 서러움 다 토해 내면
향긋한 흙냄새 콧속으로 들어와 구석구석 청소하고
창틈으로 사라진다.

동트는 하늘빛이 경건해지는 시간
보채던 갓난이 어미젖을 삼키면
기차는 푸휴– 하고 지평선에 안긴다.

쏟아져 나온 사람들은 떠오르는 태양 속으로
뚜벅 뚜벅 걸어간다.
높은 사람 낮은 사람 차별 없이 그 빛 받아 사라진다.

———————————

*짜이왈라
인도차 판매인

못 태워 줘서 미안하다

자동차를 운전하고 가다 보면 태워 달라고 손을 드는 사람들을
종종 보게 된다.
재미삼아 차를 세워 보는 이들도 있지만 급한 일이 있거나
꼭 필요해서 차를 세우는 사람도 있을 것이다.
오늘도 어떤 사람이 외딴길에서 손을 들고 다가온다.
'혹시 강도면 어쩌지?'
'신분을 캐물어오면 곤란한데…'
속력을 줄이며 설까 말까 갈등을 한다.
뒤에도 차가오니 뒷차를 알아보라 하고는 멈추지 않았다.
간절한 눈을 외면했다.

미안한 마음에 자꾸 뒤를 돌아본다.
실망한 눈빛이 아른거린다.
위급한 일을 당한 사람일 수도 있는데…
태워줘도 되는데…
오리를 가자하면 십리까지도 가야 하는데…
강도 만난 이를 피해간 제사장 같아 부끄럽다.

태워주지 못해 미안하고
의심해서 더 미안하다.

+인도에서 살면서 불편한 것 중의 한 가지는 신분을 드러낼 수 없기에 이웃에 살고 있는
일반 주민들과 깊이 있는 사귐을 갖기가 쉽지 않다는 것이다. 인도인들은 유난히 호기심이
많아서 한 두번 만나면 모든 것을 다 알고 싶어 한다. 특히 무엇 하는 사람인지 직업과 신
분을 꼭 알고 싶어 한다. 그러다 보면 속일 수는 없어 대충 에둘러 이야기하지만 여간 답
답한 게 아니다. 사는 모습을 통해 그리스도의 향기가 되기를 기도하며 살아갈 뿐이다. 이
렇게 오래 살다보니 이제는 알면서도 모르는 척 해 주며 더 이상 묻지 않는 좋은 힌두교인
이웃들과 좋은 인도 친구들도 많이 생겼다. 그러나 늘 조심스럽다.

암베드카르

"똥더미 위에 궁궐을 짓는 짓이다!"
카스트 신분제도를 막아보려 했던 암베드카르
그는 똥더미에 미끄러지는 수모를 겪었다.

"나는 힌두교도로 태어났지만 힌두교도로 죽지 않겠다!"
수십만의 불가촉천민들과 함께 거행한 불교로의 집단개종도
찻잔속의 태풍이 되었나?

암베드카르,
그는 온갖 차별과 수모를 당하고 죽어갔지만
죽어 사라졌어야 할 카스트제도는
암 덩어리처럼 생생히 살아
자기들 세상이 왔다고 줄기세포까지 퍼뜨려 활개를 친다.
배운 대로 되갚아 집단역개종, 홈커밍 프로젝트
똥 더미위에 똥 더미를 쌓는 프로젝트이고
말기암 증세이다.

아! 내 친구 인디아여!
어디로 가는가?

아! 암베드카르여!
다시 일어나라.

─────────

*암베드카르(B.Ramji Ambedkar 1893-1956)
불가촉천민 출신으로 한 사회사업가의 도움으로 미국,영국등에서 경제학 박사학위와 변
호사 자격증을 취득하여 교육 및 사회운동과 입법 활동을 통해 카스트제도의 철폐를 위해
노력했으며 이 문제로 간디와 갈등을 겪기도 했다. 1956년 10월 힌두교가 카스트제도의
존속을 위해 불가촉천민을 영속화시킨 데 크게 절망하여 힌두교를 버리고 수십 만 명의
불가촉천민과 함께 불교로 집단 개종한 사건은 유명하다.

꿈을 꿉니다

산이 없습니다.
여기는 오를 산이 없습니다.
모래 바람 일어나는 목마른 광야뿐입니다.

강이 없습니다.
영혼을 적시고 광야를 적셔줄 강이 여기는 없습니다.
수 천 년 흘려보낸 썩은 물, 큰 물 되어 흘러넘치는
하수구뿐입니다.

여기에 사람들이 많습니다.
하나님의 형상대로 지음 받아 하나님을 목말라 하는
많은 영혼들이 묶인 채 어디론가 끌려가고 있습니다.

바람이 불어옵니다.
히말라야 흰머리 스쳐 온 강한 바람이
마른 뼈들에 부딪쳐 옵니다.

꿈을 꿉니다.
새 봄에 생명수 흘러 넘쳐서 메마른 광야에 꽃을 피우고
썩은 물 흐르던 하수구 생명 강 되어
마른 뼈들 되살아나는 꿈을 꿉니다.

한국을 떠나며

26년 전 한 소년이 품었던 꿈을 어찌 그리도 정확하게 기억하시고 이루어갈 수 있도록 여기까지 인도하신 에벤에셀의 아버지 하나님께 영광을 돌립니다. 첫 소명을 잃어버리지 않도록 오늘까지 저를 붙드시고 훈련시켜 주신 보혜사 성령님께 저의 생을 다 맡겨드립니다.

친구 되어 살자고 부르신 고난의 종 예수 그리스도 나의 친구를 찬미하며 손을 잡습니다.

주 안에서 사랑하는 교우 여러분!

평생을 그리워해도 다함이 없을 만큼의 사랑을 받고 갑니다.

하늘 끝 땅 끝에 가서도 모자라지 않을 만큼 넉넉한 은혜를 담아 갑니다.

혹시 그동안 저의 짧은 생각과 어리석음으로 마음 상한 일이 있으시다면 오늘 저를 용서하시고 보내 주시기를 바랍니다.

저의 첫 소명을 찾아 길을 떠날 수 있도록 도와주셔서 진심으로 감사를 드립니다.

별과 같이 어둠을 비추는 선교사 되어

교회의 자랑과 보람이 되게 하려고 다짐 합니다.

첫눈처럼 하얀 마음을 가지고 광나루 언덕에서 만났던 벗님들이시여!
멀어진 것 같아도 결코 멀리 있는 것이 아님을 우리는 알지.
여름 하늘 은하수처럼 성성하게 지켜봐 주시게
혹시 히말라야 아래 무슨 일이 생겨나는지를…
분주한 주일에 친히 오셔서 함께해 주시는 선배, 후배 동역자님들 감사합니다.
길을 따르되 길에 걸림돌이 되지 않도록 늘 조심하겠습니다.

자식 목사 만들어 효도 한번 못 받으시고 하늘나라에 가신 아버님 양쪽 어머님,
천국에서도 자랑할 만한 아들과 딸이 되도록 살아가렵니다.
장인 어르신 그리고 형제 누이들이시여,
지금까지도 자식도리 형제노릇 못했는데 이제는 어떻게 합니까? 하나님께 백배로 받으시고 무엇보다 모두 영생을 얻으소서.
오늘 함께 해주신 모든 님들이시여.
이제 여러분 모두가 저의 부모이고 형제이고 자매이십니다.
여러님들이 계셨기에 오늘 제가 여기에 있습니다.
여러님들이 계시기에 제가 갈 수 있습니다.
앞으로도 언제나 함께 해 주실 것을 믿으며 가서 쟁기를 잡고 밭을 갈고 씨를 뿌리겠습니다.
여러님들은 함께 메마른 광야에 물도 주시고 척박한 땅에 거름도 흩어 뿌려 주시옵소서.

그러다가 언젠가 인도 땅에
여러 모양 여러 색깔의 꽃이 피어나거들랑 님들의 이름을 새
겨서 하나님께 향기로운 산제사를 드리소서.

세계만방 모든 족속들에게 천국복음이 들려지는 날
신랑예수 다시 오시는 추수 날이 오거들랑 청사초롱 불 밝히
고 오색명주 단으로 묶어 신랑께 드리는 예물로 바치소서.

2006년 5월 7일

+파송예배 때 답례로 드렸던 글인데 그날 오셨던 분들뿐 아니라 인도선교를 위해 기도하
며 함께 걸어 주시는 모든 분들과의 약속처럼 나의 마음속에 간직된 결혼 예물 같은 글이
다. 언젠가 이 약속의 조각이 향유 담은 옥합으로 완성되어 주님께 드려지기를 소망한다.

걸음마

파송예배를 드리고 인천공항까지 성도들의 배웅을 받으며 조국을 떠나 이곳 인도에 도착한지 20일이 지났다. 우리 가족은 긴장과 설렘 속에서 인도에서의 낯선 삶을 시작하고 있다. 마치 세상에 첫발을 내딛는 아기처럼 아장 아장 이 땅에서 살기 위한 걸음마를 연습하는 중이다.

평균 기온은 45도 한낮의 온도는 온도계상 최고 수치인 50도 까지 올라간다. 이렇게 타는 더위가 계속되다가 가끔 강한 돌풍이 한 시간 가량 불면서 흙먼지를 일으키면 온 집안이 시커먼 먼지에 덮인다. 더위와 흙먼지에 적응하고 친숙해지는 과정이 정착의 첫 번째 단계인 것 같다.

그런데 45도를 넘어서는 더위보다도 더욱 숨 막히게 하는 것은 인도 백성들의 삶을 전체적으로 억누르고 있는 힌두교

사상과 관습들처럼 보인다. 아침이면 집집마다 우상 앞에 피우는 향냄새와 연기로 문을 열 수 없을 정도이다.

그리고 갑자기 몰아치는 흙먼지 돌풍보다도 더욱 캄캄하게 앞을 가로막는 것은 카스트제도의 사슬이다. 상류계층의 가진 자들의 끝없는 교만함과 낮은 카스트의 가난한 백성들을 억누르는 절망과 불신의 먹구름은 생각보다 더 캄캄하다.

교만과 위선으로 살이 찐 상류층 사람들 속으로 들어가는 일과 굴종과 절망에 길들여지고 사랑에 허기진 낮은 계층의 가난한 백성들의 친구가 되는 일은 힘으로도 능으로도 아니 될 것 같다는 생각이 든다.

아침이 되면 물 받는 일로 하루를 시작한다.

제한급수를 하기 때문에 정해진 시간에 물을 받아야 한다. 물 받는 시간이 이웃들을 사귈 수 있는 기회이다. 아침에 물을 받으러 나가면 이웃들이 물 받는 방법과 함께 인도생활에 필요한 정보들을 친절하게 가르쳐 준다.

오늘은 저들이 생활용수 받는 방법을 나에게 가르쳐 주지만 내일은 내가 저들에게 생명수 공급받는 길을 가르쳐 주리라 생각하며 저들의 손을 잡고 아침마다 인사를 한다.

나마스까-르(안녕하세요?) 단야와드(감사합니다)

2006년 6월 1일

이웃되기

"당신의 이웃이 되고 좋은 친구가 되기 위해 왔습니다."
앞집의 아로라씨를 만나 손을 내밀며 말을 걸었다. 아로라
씨는 1녀 1남의 자녀들과 함께 70대 중반의 부모님을 모시고
살아가는 50대 초반의 은행원이다.

인도에 도착하고 며칠 지났을 때 아로라씨를 찾아가서 집들
이를 할 터이니 와 달라고 초청을 하였다. 낯선 이방인의 뜻밖
의 초대에 어리둥절해 하면서도 무언가 기대하는 눈빛이었다.
아내는 한국식으로 정성껏 저녁식사를 준비하였다. 우리 집의
두 아이는 환영글씨를 예쁘게 만들어 벽에 붙였다.

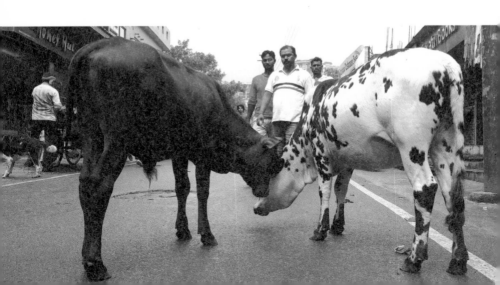

정해진 시간이 되어도 오지 않기에 찾아가서 준비되었으니 어서 오라고 했더니 순간 어쩔 줄 몰라 하면서 30분 후에 가겠다고 한다. 초청을 받아놓고 설마 실제로 부르겠는가 하면서 망설이고 있었던 모양이다. 30분 후에 아로라씨 부인과 딸이 꽃과 선물을 들고서 우리 집으로 들어왔다. 남편과 아들 그리고 부모님은 왜 안 오시는가 물었더니 남자들이 가족과 함께 낯 선 외국인의 집을 방문하여 음식을 나누는 것이 저들의 관습에 비춰 볼 때 쉽지 않은 모양이다. 준비된 음식을 권하였더니 감사하다고 정말 맛이 있다고 말을 하면서 실제로는 거의 먹지를 못하는 것이었다. 베지테리언(육식을 금하는 채식주의자)이었던 것이다. 그리고 육류가 들어가지 않은 음식도 자신들의 음식과는 전혀 다른 맛과 냄새를 내기에 처음 대하는 한국 음식을 갑자기 감당하기가 어려웠던 것이다. 그러니 주로 과일만 들면서 이야기 하다가 돌아갔다. 설거지를 하면서 이웃의 음식 취향을 미리 알아보지 못했던 나의 행동을 반성했다.

아무리 좋은 음식을 정성껏 준비해도 조상 대대로 길들여진 저들의 입맛에 맞지 않으면 저들은 먹을 수 없다는 사실을 깨닫게 되었다. 내가 궁극적으로 저들에게 전하려고 하는 복음도 마찬가지이다. 저들의 전통 종교와 문화를 바르게 이해하지 못하고 일방적으로 내어놓는 것은 그것이 아무리 보기에 좋아도 또 영양가 있는 꼭 필요한 것일 지라도 저들에게는 먹을 수 없는 음식처럼 될 수 있을 것이다.

일주일 후에 아로라씨는 우리가족을 초대하였다. 우리 가족은 꽃과 과일을 사가지고 방문하였다. 인도 전통 식사법과 순서에 따라 다양한 인도음식으로 푸짐하고 극진한 대접을 처음으로 현지인으로부터 받게 된 것이다.

  그 후로 아로라씨 가족과 우리 가족은 친한 이웃이 되어가고 있다.

  사역을 준비하면서 힌디어 말을 배우는 동안 주변에 사는 현지인들의 좋은 이웃이 되기를 원하는데 직접적으로 신분을 드러낼 수가 없으니 참으로 답답하다.

  그러기에 삶을 통하여 주님의 편지가 되고 향기가 되어야 한다.

2006년 7월 17일

인도에서 첫 성탄

인도에 와서 처음 맞이한 주님이 오신 날 밤에 사귀고 있는 젊은 인도친구들과 함께 가난한 마을의 이웃들을 찾아 갔다. 가정들을 방문해서 그들의 말로 성탄찬송을 부르고 성탄의 의미를 알려주고 축복의 말을 전했다.

아직은 말이 걸음마 수준이고 무엇보다도 거주지 근처라서 보안상 염려되는 부분이 있지만 너무나 고요한 이곳 성탄절의 침묵을 견딜 수 없어 그들을 찾아가 뜨거운 가슴으로 힌디어로 고요한밤 거룩한 밤을 불렀다.

뜻밖에 찾아온 손님들, 처음 들어 보는 찬송, 처음 들어 보는 예수의 이름 앞에 그들은 놀라워했다. 어떤 결과가 있을지 전혀 알 수가 없다.

"날은 날에게 말하고 밤은 밤에게 지식을 전하니 언어가 없고 말씀도 없으며 들리는 소리도 없으나 그 소리가 온 땅에 통하고 그의 말씀이 세상 끝까지 이르도다."

시편19:2-4의 말씀대로 성령님께서 일하시리라 확신한다.

젊은 친구들과 새벽녘까지 함께 지내면서 성탄의 의미를 설명하고 인도의 문화에 대하여 많은 대화를 나누었다.

이 친구들의 부모는 최고 계급인 브라만이다. 그리고 이 친구들이 찾아간 이웃들은 낮은 계층의 가난한 사람들이다.

그들이 아직 주님을 영접하지는 않았지만 처음으로 가난한 이웃을 찾아가서 예수의 이름으로 선물을 주고 사랑을 표현하면서 새로운 삶의 지평이 열리는 듯한 아주 특별한 느낌을 받았다며 알 수 없는 기쁨으로 충만해서 커다란 눈을 반짝거렸다. 힌두교 관습으로 볼 때 브라만 계급이 천민을 찾아가 만난다는 것은 생각도 할 수 없는 일이기에 인도에서 처음 맞이한 성탄은 오랜 세월 속에 굳어진 카스트제도의 차별의 장벽도 십자가 복음이면 무너뜨릴 수 있음을 암시한 희망의 징표가 되었다.

올해는 너무나 조용한 성탄절을 보냈지만 멀지 않아 12억의 백성들이 좋아하는 등불 밝혀 들고 부르는 성탄찬송이 지축을 흔드는 날이 오게 될 것이다.

2006년 12월 28일

어떻게 친구가 될 수 있는가?

인도에 거주하는 외국인 학생들에게 현지문화를 소개하는 프로그램에 참가하여 언어실습과 현지 문화체험을 위해 3박4일간 자이뿌르를 다녀왔다.

현지인의 집에 머물게 되었는데 남의 집에 세 들어 문간방에서 사는 '마두수단'이라는 사람의 가정이었다.

둘째 날 이었다. 보름달이 환하게 어둔 세상을 비추고 있는 밤 열시쯤 되었는데 마두수단이 자기와 함께 시골의 자기 고향 마을에 가자는 것이었다. 피곤하기도 하고 밤에 낯선 시골 마을 가는 것이 여러 가지로 번거롭게 느껴져서 처음에는 사양을 했지만 그곳에 자신의 어머니가 계시는데 인사를 시켜드리고 싶다면서 계속해서 요청하는 바람에 따라 나섰다.

꽃과 과자를 준비해 가지고 나서기에 무엇에 쓸 것 이냐고 물었더니 뿌자(힌두교 제사)에 쓸 것이라고 하였다. 자기 고향 마을에 유명한 만디르(힌두교 사원)이 있는데 그곳에 갈 것이라고 하는 것이었다.

그의 친척되는 한 남성과 함께 오토바이를 타고 마두수단씨의 고향 마을에 도착하였다. 마을 입구에 들어서자 시끄러운 소리가 들려왔다. 점점 소리가 커지는가 싶더니 어느새 힌두교 사원으로 들어서는 것이었다. 사원 마당에 많은 사람이 모여 있고 사원 안에서는 힌두교 제사의식이 한참 진행되고 있었다. 엄청나게 큰 볼륨으로 노랜지 주문 외는 소린지를 틀어놓고는 춤을 추면서 한사람의 지휘 아래 자신들의 종교 의식에 몰입되어 가고 있었다.

사원에는 갖가지 형상의 우상들이 자리 잡고 있었고 우상 앞에 차려진 갖가지 제물 냄새가 코를 찌르고 피워대는 향연기로 눈을 뜰 수가 없었다. 조심스럽게 그들을 살펴보는데 나에게 자신들의 신에게 절을 하라고 요구해 왔다. 그럴 수 없노라고 하면서 밖으로 나왔다. 그랬더니 밖에 있던 사람들이 모여 들면서 왔으면 신에게 절을 해야지 왜 그냥 나오느냐고 따지듯이 항의를 하는 것이었다. 나는 그들에게 내가 그들의 뿌자에 참여할 수 없는 이유를 한참 설명하였다. 그러나 그들은 도무지 이해할 수 없다는 반응이었다.

밤 12시가 넘어도 그들의 의식이 끝나지를 않았다. 한참을 밖에서 기다리다가 은근히 화가 났다. 자신의 고향마을에 어머니를 보러 가자고 하고서는 힌두교 사원으로 일방적으로 데려 온 것도 그렇고 오랜 시간 기다리게 해 놓고는 계속해서 자신의 종교의식에 몰입해 있는 것에 대하여 불쾌한 생각이 들어서 사원 안으로 들어가 마두수단에게 이제 그만하고 돌아가자고 하였더니 끝까지 참여해야 한다는 것이다.

그러면 나는 혼자 가겠노라고 하면서 나왔다. 그랬더니 따라 나오면서 10분만 더 기다려 달라는 것이었다. 10분이 아니라 30분을 넘어 한 시간이 지나도 그는 나오지 않는다. 그래서 혼자 마을을 빠져 나와 길을 걸었다. 보름달이 여전히 어둔 세상을 비추고 있었지만 달빛이 환할수록 세상은 더욱 어두워 보였다.

멀리서 사원의 뿌자 소리가 갑자기 더욱 크게 울려왔다. 아마 절정에 달한 모양이다. 순간 현기증을 느꼈다. 저들의 친구가 되는 일이 가능한 것일까? 하는 질문이 머릿속에 어지럽게 맴돌았다.

한참을 걷고 있는데 마두수단의 오토바이가 와서 멈추어 섰다. 나보고 사원으로 돌아가 제사음식을 함께 먹고 가자는 것이었다. 갑자기 화가 치밀어 소리를 지를 뻔 하였다. 간신히 참으며 조용히 단호하게 이제 피곤하니까 돌아가자고 했더니 아쉬워하면서 자신의 집으로 돌아왔다.

마두수단씨의 문간방으로 돌아와 땀범벅에 뒤집어 쓴 먼지를 씻지도 못하고 마두수단 옆에 놓아준 삐걱거리는 간이침대에 몸을 눕혔다. 곧 그의 코고는 소리가 들리고 모기떼가 바람을 일으킨다. 아마 마두수단씨는 자기의 손님에게 자기 할 일을 다 했다고 여기고 스스로 만족하며 흐뭇하게 잠이 든 모양이다.

과연 어디까지 저들에게 다가갈 수 있을까? 어떤 방법으로 저들의 이웃이 되고 친구가 될 수 있을까? 저들은 태어나기 전부터 힌두교도이고 태어난 이후 오늘까지 저들의 삶은 총체적으로 절대적으로 힌두교의 지배를 받고 있다. 저들에게 힌두교는 단순히 종교가 아니라 삶의 전부이다. 자신의 종교적 신념이나 삶에 대하여 부정하거나 의심해 본적이 없는 사람들이다.

힌두사원에 간다는 소리를 들었을 때 아예 동행을 거부해야 하는 것이었을까? 그러면 어떻게 저들을 알고 이해할 수 있을까? 왜 끝까지 기다려 주지 못하고 화가 치밀어 올랐을까? 끝까지 묵묵히 참고 기다려 주어야 옳았을까? 그러면 어디까지 참아주고 어디까지 동행해야 하는가? 저들의 시간표에 나의 시간표를 어떻게 맞추어야 하는가?

많은 질문들을 되뇌이며 답을 찾으려 밤새 뒤척이다가 아침을 맞았다.

마지막 날 모든 일정을 마치면서 돌아오는 버스에서 행사를 주관한 힌두교단체에서 가네쉬(힌두교 주요 신중의 하나인 코끼리신) 동판을 기념선물로 주었다. 순간 나는 저들의 선물을 받을 것인지 사양할 것인지 갈등을 하였다. 바울 사도의 말씀이 기억이 났다.

"그런즉 너희의 자유가 믿음이 약한 자들에게 걸려 넘어지게 하는 것이 되지 않도록 조심하라." (고린도전서 8:9)

정중히 받아서 버스 선반 위에 올려놓은 채 잊어버리고 집으로 돌아왔다.

***

히말라야를 오르는 길은 멀고도 험해 보입니다. 저들의 친구가 되는 길은 더욱 험하고 멀어 보입니다.

히말라야를 넘지 않고서 하늘에 닿을 수가 없습니다.

저들의 친구가 되지 못하고서 결코 이 땅에 하나님 나라를
이룰 수 없습니다.
　　어젯밤에 거부하지 않고 저들의 사원 안까지 따라 갔습니
다. 내일은 저들의 심장 속까지 기어이 따라가 보려고 합니다.
　　토악질과 현기증을 참아내며 화내지 않고 저들의 친구가 되
어 보려고 합니다.

2006년 7월 15일

인도 방문을 연기해 주세요

방문계획을 세우고 계시다는 장로님의 메일 감사하게 받았습니다. 저는 지난해부터 힌디어 연구소에 다니면서 언어훈련에 집중하고 있습니다. 언어훈련이 곧 사역이라는 생각으로 최선을 다하고 있습니다.

그러면서 목표로 하는 것은 언어훈련과 함께 인도 현지의 문화와 역사를 공부하고 인도 사람들의 의식구조와 생활양식을 철저하게 분석하고 이해함으로 사역의 기초를 흔들림 없이 놓으려는 것입니다. 이 백성들 중에는 복음을 들어 보지 못한 사람이 대부분이라는 사실을 생각하면 조금도 게으름을 피울 수가 없고 긴박감을 갖지 않을 수가 없습니다.

북인도 선교는 이 시대 마지막 지상명령을 수행하는 최대의 치열한 영적 전투의 장이 될 것이 분명해 보입니다. 이 막중한 사명을 우리 교회와 함께 짊어지게 된 점을 감사하게 생각합니다.

장로님!
저도 인간적으로는 외롭고 적적하기가 한이 없습니다. 더욱이 이곳에 우리교단 선교사님들이 한분도 안 계시기에 모든 것을 혼자서 해결하려니 더욱 그렇습니다. 그러나 그럴수록 더 하나님 앞에 무릎을 꿇을 수밖에 없습니다.

그리고 언어 공부에 더욱 매진하기 위해 제가 세운 원칙이 한 가지 있습니다. '언어훈련 기간이 끝날 때까지 한국 사람은 일절 만나지 않겠다'는 것입니다. 그래서 간혹 한인회 등에서 어떤 초청이 있거나 한국에서 오시는 분들로부터 안내(가이드)를 부탁받는 일이 있어도 모두 정중하게 사양합니다. 이곳 사람들의 심장 속 이야기를 알아 듣고 저들의 마음속에 가 닿는 복음을 말할 수 있으려면 전투하는 자세로 언어를 공부하지 않으면 안 되겠기에 그렇게 하고 있답니다.

물질로 하는 사업이 아니라 복음으로 하는 사역을 하고 싶은 뜻이기도 합니다. 언어가 원활하지 못하면 결국 돈으로 하는 보여주기식 사업밖에 할 수 없다는 사실을 현장에서 많이 보고 있습니다.

군대에서 들은 말이 생각이 납니다.
훈련 시에 땀을 흘리지 않으면 전투에서 피를 흘린다고 하던가요? 그리고 신병훈련 기간에는 면회가 금지되지요? 그것처럼 저는 지금 신병이나 마찬가지인 수습 선교사 언어훈련 기간 중이므로 가족뿐 아니라 그 누구의 방문요청도 일절 거절하고 있답니다.

저를 위해 기도해 주시는 장로님께서 방문하신다니 대환영입니다. 저도 장로님 뵙고 싶습니다. 그러나 올해는 참고 기다리겠습니다.

언어를 어느 정도 자유롭게 구사하게 되면 내년 여름 이후에 장로님을 뵙도록 하겠습니다. 그렇게 이해해 주시고 방문 일정을 변경해 주시면 감사하겠습니다.

밤에 공부를 하다가 가끔 밖에 나아가 하늘의 별을 봅니다. 고국에서 바라보던 그 별들입니다.

그러나 이곳에서 바라보는 별들은 왠지 떨고 있는 것처럼 유난히 깜박깜박 거립니다. 어둠이 깊고 넓은 이 땅을 비추느라고 힘겨운 모양입니다.

　　별들도 힘들어하는 이 땅이지만 이 민족을 위하여 기도하시는 장로님을 비롯한 많은 성도들의 그 마음들이 결국 이 땅을 환하게 비추는 별들이 되어 주님 오시는 길을 밝히게 될 것이라 확신합니다.

2007년 4월 19일

천천히 가기

인도에서 살기 위해서는 결코 서둘러서는 안 된다.
서둘러서 되는 일은 하나도 없었고
늦었다고 안 되는 일은 별로 못 보았으니

묻고 또 물어 보고
다시 물어보면 사람마다 답이 다르고
때와 장소에 따라 답이 다르다.
확인 또 확인하고 싸인까지 받아놔야 한다.
그래도 아니라고 우기면 아닌 것이다.

인도 생활 일 년 만에 뼈저리게 깨닫는 것은
상식적인 예측과 치밀한 계획이
아무렇지도 않게 허물어지기 일쑤이고
두드리고 두드린 돌다리를 건너지 못하게 되는 일이
비일비재하니

기도밖에 길이 없고 다리도 없어
기도 없이 아무것도 할 수 없다.

기도하기 전에는 어떤 선택도 아무 결정도 내리지 말자.
기도 없이는 아무데도 가지 말고 누구도 만나지 말자.
손해를 보고 욕을 먹어도 기도 없이는 일 하지 말자.

밖에서 재촉하는 사탄에게 포위되고 안에서 서두르는 성급함
의 원수에게 끌려가지 않도록 천천히 가자.

나의 모든 습관을 벗어 버려야 할 때이다.
나의 계획도 내려놓고 인도하심만 바라리라.

2007년 5월 10일

토해내진 인생

거친 파도에 씻기우고
깊은 바다 어두움에서 잉태된 생명이다
눈물 속에 싹튼 맑은 사랑이다.

02

토해내진 인생

가야할 길이 남아 있다.
그 동안 피해온 한 길이 있다.
그토록 거부하던 길이 끝내는 가야하는
마지막 길이 되고 말았다.
나의 힘이 아닌 힘에 의하여
토해내진 인생이여.

무슨 힘으로 살아왔는가?

가득하던 분노는 파도가 다 삼켜 버리고
아니라고 나는 아니라고 부정하던 불덩이도
싸늘하게 식어버리고
차가운 증오는 바다 속 깊이 산 뿌리에 묻히고
끈적거리는 질투는 해초에 감싸여 녹아버리니

마지막 땅 끝에 토해 내쳐진 인생이여
원치 않던 그 곳에
피하고 싶었던 그 길에 정확하게
토해내진 인생이여

이제 무슨 힘으로 살 건가?
파도같이 굽이치던 의지는 가라앉고
산같이 오르고 또 오르던 청춘도 사라진 오늘
뒤에서 미는 바람의 힘으로 살아야 하지 않겠나?
위에서 비추는 거룩한 빛에 이끌려 살아야 하지 않겠나?
삼일주야 어둠속에 옛 기억은 흐려지고
이억 만리 바다 건너 홀로 던져졌으니
무엇을 붙잡고
누구를 의지하겠는가?

홀로 토해내진 인생이여.

억지로 청하는 잠

배고파 울다 지쳐
질근 감은 눈 천 길 낭떠러지 속으로

안을 수도 없고
안길 수도 없는
차가운 벽을 더듬는다.

아무소리 들리지 않는
환한 대낮
어둑한 빈 방

녹슨 문고리
뒤로하고 돌아 눕는다.

피하고 싶다
듣고 싶지 않다
생각에서 지워 버리고 싶다.
뒤척이면 콧등에 스치는 바람 하늘을 흔든다.
어지럽다.

얽히고설킨 칡넝쿨을 걷어내고 그 깊고 질긴
뿌리를 송두리째 뽑아내고 싶다.

억지로 청하는 잠에 찬바람이 분다.
다시 뒤척이면 파도가 친다.
땅이 흔들린다.
어지럽다.

아름다운 헛수고

한 사람 요나 자신을 바다에 던지라고 한다.
그러면 폭풍은 끝나고 바다는 잔잔할 것이다.

쉬운 길이다.
전환점이다.
선뜻 쉬운 길을 택할 수 없다.
한 사람도 천하보다 귀한 생명이다.
모두 살자고 한 생명을 쉽게 바다에 던질 수 없다.

한 사람도 대를 위해 소를 희생해야 한다고 말하지 않는다.
조용히 다시 태풍과 맞선다.
있는 힘을 다하여 한사람을 위해 노를 젓는다.
모두가 살자는 엄숙한 항해이다.

힘을 쓸수록 물결은 드높고
뭍으로 향할수록 바람은 거세다.
역부족이다.

처음부터 불가능한 일이었다.
그러나
누가 이들의 눈물겨운 노 젓기를 헛수고라 할 수 있을까?

혼자 살자고 될 일도 안 된다고 할 구실을 먼저 찾는 세상에서
황금만능의 바다를 거슬러
한 사람을 위해 히말라야를 향하여 노를 젓는다.

왜 화가 나는가?

하나님은 용서 하셨는데
나는 용서를 못하겠다.

원수는 원수로 남아 있어야 한다.
원수의 존재는 시시때때로 내가 살아있음을 알리는 두통이다.

하나님은 조건 없이 은혜를 주시고 제한 없이 자비를 베푸시는데
나에게는 나누어 줄 은혜와 베풀 자비가 없으니
조건 없이 미워하고 제한 없이 화가 난다.

하나님의 오래 참으심을 참을 수 없다.

천년을 하루같이 하루를 천년같이 기다리시는데
나는 단 일분도 참을 수 없다.

하나님의 은혜가 바닥날까 선을 긋는다.
하나님의 자비가 줄어들까 울타리를 친다.

은혜의 낭비를 막기 위해 장벽을 쌓는다.
나의 몫이 없어질까 자물쇠를 채운다.

이것이 정의라고 우기며
머리에 숯불을 피운다.

박 넝쿨

어제
세상을 다 얻은 듯
크게 기뻐하더니

오늘
사는 것 보다 죽는 것이 낫겠다고 한다.

낮에는 작은 잎새 그늘에도 크게 감사하더니
잎새 시드니 감사도 말라버려
어둠이 내리니 모든 것이 어두워 모든 것에 불평 한다.

조용한 새벽
잠에서 깨는 순간 원수를 용서 하다
해가 뜨니
햇살 보다 뜨거운 증오심으로
심장이 펄펄 끓는다.

하루에도 몇 번씩
죽었다 살아나는
박 넝쿨 보다 허약한 심장이여

박 넝쿨 걷어내고
다시 한번 물고기 뱃속으로
들어가라.

화를 낼 이유

한 가지도 없다.
화를 낼 이유.

눈곱만큼도 없다.
화를 낼 자격.

한 순간도 없다.
화를 내어도 좋을 때.

한 치도 없다.
화를 내어도 되는 공간.

하나도 없다.
화를 내어도 괜찮을 사람.

스스로에게도 화를 내면 안 되는 이유는
이미 용서 받았기 때문이다.

누구에게도 화를 품어서는 안 되는 이유는
모두 다 용서 받을 자격이 있기 때문이다.

메시지의 힘

왕의 옷을 벗기는데 많은 시간이 필요하지 않았다.
왕에게 베옷을 입히는데 많은 말이 사용 되지도 않았다.

덜 것도 더할 것도 없는
단 한마디.

거친 파도에 씻기우고
깊은 바다 어두움에서 잉태된 생명이다.
눈물 속에 싹튼 맑은 사랑이다.

어두운 밤

해가 진지 오래건만
별들이 나서지 않는다.

산 그림자는
벌써 어둠에 잠겼다.

바람 소리도 들리지 않는다.
강은 멈추어 선 듯 숨을 죽인다.

태초의 침묵.
죽음 같은 어둠.

아무것도 없다.
아무도 없다.

새벽 묵상 / 고린도전서 13장

나를 아는 나의 친구들은 나에게 말을 했었다.
보기보다 강하다고 .
스스로도 비교적 고난에 맞서는 힘, 끝까지 버티는 힘이
있다고 여기며 그 힘으로 십자가 지겠노라는 다짐을 하며
인도에 왔다.

와서 보니 친구들이 말하는 나도
내가 아는 나도 진정한 나는 아니다.
이글거리는 태양아래 찾는 이 하나 없는 이방인, 아무 소리 들
리지 않아 잠 못 드는 밤에 무기력한 죄인일 뿐이다.

탐욕으로 가득한 가네쉬(코끼리 신)의 배와
거짓되고 교만한 하누만(원숭이 신)의 눈은
벌거벗은 나의 모습을 보여 주는 거울.

고국에서는 그럴듯한 언어의 조합으로 어느 정도 경건하게 보
일 수 있었지만 여기에서 나의 부끄러움을 가리기에는 세치
혀가 너무 짧고 그나마 그 얇은 위선을 보아줄 사람도 없다.

선이 그어진 마라톤 경주에서 강해 보이던 나의 인내심은
선도 없고 신호등은 고장 난 혼잡한 거리에 나서기만 하면
끓는 냄비가 되고,
나를 알아보는 수많은 눈들 앞에서 너그러워 보이던 나의
행동은 아는 이 하나 없는 시장에 가면 야채장수와 야박함을
겨룬다.

싸 가져온 경험과 알량한 지식은 함정이 되고 덫이 된다.
숱한 밤을 지새우며 익힌 저들의 언어가 저들 앞에 서면
어린아이의 재롱거리가 되어 버린다.

이제서야 어슴푸레 깨달아 진다.
바울은 왜 그렇게 말씀하셨는지
사랑만이 끝까지 버틸 수 있는 힘이고
사랑만이 저들과 소통할 수 있는 언어이고
사랑만이 저들을 배부르게 할 수 있는 참된 로띠(빵)임을.

그런즉
믿음 소망 사랑
이 세 가지는 항상 있어야 하는데
그중에 사랑이 제일 적다는 것이
괴로움이다.

처음 가는 길

한 번도 가보지 않은 길을 가고자 한다.
미루고 미루며 벼르고 벼르던 길을
내일은 가려한다.
밤새 뒤척이다
새벽이 오기도 전 일어나 하늘을 본다.

비는 그치고 날씨도 좋으니
막혔던 길이 열렸으리라.

며칠 전부터 뒷머리에 통증이 있다.
목 디스크가 도진 것일까?

그래도 가보자.
한 번도 가보지 않은 길을
가다가 보면 별별 일들이 생길 수도 있겠지.

다시 한 번 맡기는 훈련을 하자.
나의 길을 온전히 주님께.

본토 친척 아비 집을 떠나 이른 새벽 길을 떠났던 아브라함의
뜨겁고 시린 마음이 느껴진다.

어둠속에 자동차 시동을 거니
바울의 발 자욱이 선명하다.

나는 무엇으로부터 떠나야 하는가?
무엇은 버리고 무엇을 잡아야 하는가?
무엇을 기억하고 무엇은 잊어 버려야 하는가?

갈등

아브라함의 심정으로 새벽 2시 잠에서 깨어났다.
서둘러 짐을 챙기고 길을 나선다.
길고 험한 로땅 고개도 단숨에 넘는다.

카자 가는 길로 접어든다.
길이 좁고 험하다.
두려움이 절벽처럼 막아서고 설렘은 구름처럼 굽이친다.

또 산사태다.
길이 무너지고 막혀있다.
난감하다.
언제까지 기다려야 하나?
사방이 무거운 침묵으로 고요하다.
뜻이 아니라는 생각이 들었다.
돌아가기로 단호하게 결정한다.

돌아오는 길에 자꾸만 뒤를 돌아보게 된다.
돌아선 것이 정말 잘 한 것인가?
이렇게 큰 산을 넘어서 어렵게 여기까지 왔는데

한번 다시 가볼까 하고
차를 돌려 한참을 가다 서서 가야할 길을 본다.
여전히 길은 막혀 있다.

텅 빈 하늘에 찬바람이 거세다.
결정을 재촉하듯 몸을 흔든다.

포기했다.
왔던 고개를 다시 넘었다.
기인 고갯길을 굽이굽이 내려오는 동안
"더 기다려 볼 것을, 그래도 가야했던 것은 아닐까?"

미련 덩어리는 모퉁이를 돌때마다
길바닥에 모난 자갈처럼 불쑥불쑥 튀어나온다.

그러기를 몇 차례 반복하다
고개를 다 내려오니 그제야 마음이 편하다.

아무리 험해도 가야할 곳은 가야하고
아무리 멀리 갔어도 돌아와야 할 때는 돌아와야 한다.

요나의 회개 나의 회개

　　인도에 온 이후 요나는 피하고 싶은 예언자였다. 그래서 한동안 요나서는 읽지도 않았다.

　　그 이유는 나에게 요나를 닮은 부끄러운 점이 있기 때문이다. 고등학교 시절 진로를 위해 기도하던 때 하나님은 나에게 인도선교의 소명을 주셨다. 그래서 선교사가 되기 위해 장신대 입학을 했는데 신대원 졸업할 즈음에 꾀를 내서 농어촌선교 쪽으로 방향을 틀어 도망을 갔다. 지리산과 덕유산 사이의 깊은 골짜기 마을과 남해 바닷가 끝 마을에 숨어서 농어촌 선교를 했다.

　　그런데 하나님은 나를 찾아 내셔서 결국 인도로 오게 하셨다. 돌아보니 나는 해외선교를 나가지 않아도 될 만한 충분한 명분을 만들기 위해 농어촌 선교에 투신하여 젊은 시절을 열심히 불태웠지만 하나님은 해외선교 훈련을 시키시려고 나를 농어촌으로 보내셨던 것이다.

　　선교지에서 큰 시행착오 없이 교회를 개척하고 제자훈련 사역을 할 수 있는 것은 농어촌 선교의 경험이 바탕이 된 것이다. 그렇지만 요나서를 읽다보면 나의 삶을 거울로 들여다보는 것 같아 가능하면 요나서를 피하고 싶었던 것이다.

　　지난 주 우타르칸드 사역지를 다녀오는 중에 요나서를 다시 읽게 된 계기를 만나게 되었다. 사역지를 오가는 길에 '칸와르 야트라'라고 하는 힌두교도들의 집단 행진이 진행 중이었다. 이 행사는 시바신을 숭배하는 힌두교 종교의식인데 갠지스 강물을 담아 자신들의 고향마을 신전으로 운반해 가서 시바신을 목욕시켜 주는 것이다.

이 행사가 진행되는 보름정도의 기간에는 갠지스강 상류로 연결되는 모든 도로는 꽉 막혀서 혼란과 무질서 그 자체가 되어 버린다. 중간 중간에 고성능 스피커를 장착한 차량과 트랙터를 동원하여 굉음에 가까운 제사 음악을 틀어 대면서 구호를 외치고 춤을 추면서 행진을 하고 곳곳에 무대를 설치하고 남녀 무희들이 음란한 춤을 추면서 수많은 군중들을 현혹시킨다.

대형 텐트를 설치하고 군중들을 재워주고 먹여주는데 이들에게 물품을 제공하거나 돈을 기부하는 단체나 개인에게는 세금 혜택이 주어진다. 끝이 보이지 않는 군중들이 도로를 메운 채 몰려다니면 교통체증은 말할 것도 없고 무질서하게 추월하는 차량들로 아찔하게 위험한 순간들이 반복된다.

한쪽에서 광란의 춤을 추는 무리들과 그 사이로 역주행해서 달려드는 차량들 속에서 운전을 하다보면 생명의 위협을 느끼게 된다. 그러면 그들이 살기를 품은 원수로 보이고 사탄의 무리로 보이기 시작한다. "저들이 땅으로 꺼져버려 없어 졌으면 좋겠다."라는 끔찍한 생각이 들 정도였다.

그때 요나의 심정이 이해가 되었다.

도망갔던 요나가 니느웨 백성들에게 하나님의 말씀을 전하긴 전했지만 저들이 차라리 망하기를 은근히 바라면서 그 백성들을 향한 미움과 분노가 있음을 숨기지 않았다.

순간 내 속에도 이 백성들을 향한 분노가 있음을 알았다. 우상 앞에서 광란을 춤을 추며 나의 길을 가로막는 바로 저들이 나를 이 땅으로 오게 해서 고생을 시킨다는 생각이 들어 분노가 치미는 것이었다.

이러다가는 사고 나겠다 싶어 얼른 차를 한쪽에 세우고 행진하는 무리들 속으로 걸어 들어가 그들 한 사람 한 사람의 얼굴을 바라보았다. 모두 다 가난한 사람들이다. 돈 몇 푼씩 받고 먹을 것을 얻기 위해 나온 사람들이고 힌두교 분파들의 세력 과시 경쟁에 동원된 사람들이었다.

불쌍한 마음에 눈물이 난다.

그동안 이 백성들을 향해 얼마나 많이 화를 냈는지 모른다. 시장에서 물건 살 때 속인다고 화를 내고 운전수들에게 길을 잘못 간다고 화를 내고 은행이나 관공서 가서는 오래 기다리다 지쳐서 일이 느리다고 화가 나고 기차를 탈 때는 새치기 한다고 화를 내고 이웃들에게는 쓰레기와 하수를 더럽게 아무데나 버린다고 화를 내고 수도 없이 계속되는 힌두교 제사와 축제 때는 시끄럽다고 화가 나고 수시로 전기가 나가면 더워서 혼자 화가 나고 물이 안 나오면 목이 마르고 씻지 못해 화가 치밀어 길바닥에 오줌을 싸고 있는 개를 향해 소리를 지르기도 했다. 차를 몰고 길에 나서기만 하면 역주행에 끼어들기 신호 위반 접촉사고에 뺑소니하는 불특정 다수를 향해 얼

마나 많은 고함을 질렀는지 그 소리 메아리 되어 돌아올까 낯이 뜨겁다. 돌아보니 나의 의식 속에는 '너희들 때문에 내가 이 고생하고 있는데 왜 너희들은 늘 이 모양이냐?'하는 분노가 있었던 것 같다. 사실은 이들에게 화를 낼 자격도 내게는 없는데 말이다.

"하물며 이 큰 성읍 니느웨에는 좌우를 분변하지 못하는 자가 십이만여 명이요 가축도 많이 있나니 내가 어찌 아끼지 아니하겠느냐?" 요나에게 하신 말씀이 나에게 들려왔다.

그때에 너무나 부끄럽고 죄송하여 회개하며 요나서를 다시 읽게 된 것이다.

이 큰 나라 인도에 좌우를 분변하지 못하는 백성 십이억만 명이 회개하고 돌아오기를 천년을 하루같이 하루를 천년 같이 기다리시는 하나님의 마음을 헤아려 본다.

하나님의 마음으로 이 백성을 다시 품는다.

이제 길거리에 몰려다니며 똥오줌을 못 가리는 개들과 혼잡한 도로에 배를 깔고 누워 길을 막는 소들도 미워하지 말자고 다짐을 해 본다.

2010년 8월 11일

힌두교와 축제

친구에게

지금 한국은 단풍으로 금수강산이 곱게 물들고 있겠구나.

이곳에서는 단풍을 볼 수 없고 산을 오를 수는 없지만 저 멀리 히말라야가 우뚝 서 있다는 사실 때문에 위로를 받으며 하루하루 살아간다.

산을 좋아하는 나로서 오를 산이 주변에 없다는 것은 견디기 힘든 일 중 하나였지. 못 견디게 산이 그립고 오르고 싶어질 때는 근처 공원에 가면 모퉁이에 약간 비탈진 오르막이 있는데 그 곳을 왔다 갔다 한 시간 이상 반복하기도 한다. 아마 사람들에게는 좀 실성한 사람으로 보였을지도 몰라.

어제는 델리의 수많은 힌두 사원 중에서 유명한 깔까지 사원을 다녀왔다.

지금은 '다쉐라'라는 큰 힌두교 축제일을 향해 가는 기간인데 매일 헤아릴 수 없는 사람들이 신전을 찾아 우상들 앞에 향을 피우며 제물을 바치고 우상의 발에 입을 맞추며 소원을 빌고 내세의 복을 빈다.

다쉐라 축제는 '라완'이라는 악한 존재를 '람'이라는 영웅적인 신이 처단한 것을 기념하는 축제인데 거리마다 또는 사람이 모일 수 있는 공터만 있으면 그곳에 라완의 대형 허수아비를 세우고 그것에 불화살을 쏘고 엄청난 굉음을 내는 화약을 터뜨려 태우는 의식을 거행한다. 허수아비를 불태우면서 세상의 악을 척결하고 자신들의 내면의 악한 존재를 제거하고 승리했다는 도덕적 카타르시스를 집단적으로 경험 하는 거야.

일 년 내내 힌두교 절기에 따라 다양한 축제가 거행되고 이러한 축제를 통해 힌두교와 카스트 제도가 유지되고 있는 것처럼 보인다. 그런 의미에서 이 백성들에게 힌두교는 하나의 종교를 넘어 문화와 삶의 방식 그리고 더 나아가 삶의 근거가 되어 있는 것이지.

그렇기에 인도 사람들에게 개종이란 그렇게 간단한 일이 아니야. 이러한 인도친구들에게 어떻게 복음을 전하여 언제쯤 성탄절과 부활절을 지키게 할 수 있을까? 과연 그날을 맞이할 수 있을까? 그날이 오는 것이 어쩌면 지금 손에 잡고 있는 힌디어(인도어)사전 만큼이나 어려워 보이지만 기어이 맞이하리라는 확신을 가지고 오늘도 힌디어 사전을 잡는다.

어느새 힌디어 사전의 모퉁이가 반들반들 윤이 난다.

2007년 10월 27일

미뜨르(친구) 공부방

다–안 예 랏트 다–안 예 랏트

곡조는 잘 맞지 않았지만 미뜨르 공부방의 친구들이 부른 성탄 찬송은 베들레헴에서 그 밤에 울려 퍼진 천사들의 소리만큼이나 아름다운 찬양이 되어 어두운 밤하늘 별들을 떨게 하였다.

미뜨르의 아이들이 몇 주 전부터 연습한 성탄찬송을 부르는 동안 나는 목이 메여서 함께 부를 수가 없었다. 태어나서 보고 배운 것이라고는 우상들 앞에 향불을 피우고 절하는 것뿐인 아이들이 찬송을 부르고 있는 것이 기적처럼 여겨졌기 때문이다.

청년들과 함께 마을을 돌면서 성탄 찬송을 부르며 예수님 탄생의 소식을 전하였다. 전도가 금지되어 있지만 성탄절은 국가 공휴일로 지정되어 있어서 성탄절이 어떤 날인지 설명하면서 자연스럽게 복음을 전할 수 있어 다행이다. 지난 몇 달 동안 지속적으로 접촉을 하다가 이번 성탄절을 전후 하여 복음을 증거하였다. 두 가정이 결신을 하고 주님을 영접하였다. 마치 기다리고 있었다는 듯이 복음을 받아들이는 것을 보고 깜짝 놀랐다.

이 두 가정을 통하여 이 마을에 하나님의 나라가 시작 되었고 나의 인도선교의 첫걸음이 시작된 것이다.

미뜨르 공부방에는 현재 약 25명의 어린이들이 공부를 하고 있는데 주민들의 반응이 참 좋다. 미뜨르에서 자라나는 어린이들이 장차 훌륭한 예수님의 제자들이 되기를 기도한다.

이제 힌디어로 복음을 전할 수 있게 되었다는 사실이 나 자신에게 자신감과 확신을 갖게 해 준다. 지금까지는 현지 문화 적응과 언어 훈련에 매진하면서 중장기적 사역의 방향을 모색하는 기간들이었다면 내년에는 보다 구체적으로 사역의 내용과 그 전략을 세우는 한 해가 될 것이다.

오직 주님의 계획만이 주님의 전략대로 이루어질 것이기에 기도만이 참 계획이고 전략임을 조금씩 절실하게 깨달아 간다.

2007년 12월 30일

얼음냉수 같은 자매

바울에게 루디아가 있었다면 나에게는 수니따가 있다.

수니따는 우리 가족이 처음 인도생활을 시작할 때 아내와 내가 힌디어를 배우러 학교를 다니는 기간 동안 하루에 한 번씩 와서 집안 청소와 설거지를 해 주는 가사 도우미였다. 그런데 나는 청소하고 있는 수니따를 열심히 따라 다니며 서툰 힌디어로 대화를 시도하면서 학교에서 배운 힌디어를 실습하려고 귀찮게 했다. 수니따는 힌디어 도우미 하느라 청소도 못하고 돌아가는 날도 있었다. 아내는 수니따를 통해 인도 음식 만드는 법을 배웠다. 자연스럽게 수니따의 가족과 우리 가족은 왕래하며 친하게 되었고 이런저런 일을 겪으며 서로를 신뢰하게 되었다.

수니따에게는 우리 가족이 처음 만나는 외국인인지라 우리 가족이 사는 모습 즉 식사하는 것 대화하는 것 기도하는 것 등등 일상생활의 사소한 것까지 모든 것이 신기한 듯 관심 있게 지켜보다가 궁금한 것이 있으면 물어 보기도 했다.

힌디어로 어느 정도 의사소통이 가능해진 첫날에 나는 수니따에게 예수 그리스도의 십자가 복음을 전하였다. 그때 수니따의 크고 맑은 눈에 눈물이 고이는 것을 보았다. 순간 내 속에는 뜨거운 성령의 감동이 불같이 일었고 나는 수니따와 그의 가족을 위해 간절히 기도하였다. 수니따는 그때 주님을 마음속에 모셔 들였다. 순간 우리는 함께 언어와 종족의 장벽을 허물고 하나님의 백성으로 하나 되게 하시는 성령의 역사를 체험하였다.

그 후 수니따에게 기회를 만들어 수시로 성경을 읽어 주었다. 수니따는 학교를 많이 다니지 못했지만 무척 영리했고 늘 진실했다. 내가 한국에서 한국 사람에게 복음을 전했던 때보다 수니따는 더 잘 받아들이고 더 잘 이해하는 것 같았다.

수니따는 남편과 2남 1녀 자녀들 그리고 근처에 사는 여동생 가정까지 함께 주님께 인도하고 자신의 집에서 예배를 드렸다. 그렇게 미뜨르교회가 시작되었다.

지금도 수니따는 변함없이 미뜨르 공부방과 교회를 섬기며 가뭄에 얼음냉수 같은 일꾼으로 살아가고 있다.

2008년 4월 20일

교회안의 카스트제도

천명의 달릿(Dalits, 불가촉천민) 그리스도인들이 힌두교로 집단 역개종하였다고 2008년 4월10일 유력 일간지 '더 타임 즈 오브 인디아'(The Times of India)가 보도하였다.

이들이 힌두교로 역개종하게 된 이유로 알려진 것은 교회 안에서의 차별이다. 달릿 계층의 사람들은 카스트제도의 속박 으로부터 자유를 얻고자 많은 핍박을 받으면서 기독교로 개종 하였던 것이다. 그러나 막상 교회 안에 들어와 보니 자신들의 기대와는 달리 교회 안에도 교인들의 생각과 행동 양식 속에 카스트제도가 존재 하더라는 것이다. 이 문제로 갈등을 빚어 오다가 힌두교로 역개종을 하게 된 결정적 요인이 된 것은 교 회묘지에서 매장지 위치를 할당받는 과정에서의 차별이었다.

인도인들은 죽음 이후의 문제에 대하여 지대한 관심을 가 지고 있다. 특히 현세에서 멸시천대를 받으며 살아가는 불가 촉천민을 비롯한 하층의 카스트에 속한 사람들은 현세보다는 죽음 이후의 세계에 대한 기대와 희망을 가지고 살아간다고 볼 수 있다. 그런데 사후세계의 관문이라고 여기는 매장지를 지정받는 것에서 차별을 받는다는 것은 충격이었고 절망이었 다. 그래서 이들은 힌두교와 기독교에 의한 이중의 차별을 받 는 것 보다 차라리 힌두교도로 돌아가는 길을 선택한 것이다.

교회마다 차이는 있겠지만 교회 안의 그리스도인들 사이에도 카스트제도로 인한 차별과 신분갈등이 존재한다. 영국식 민통치 시대에 영국인들과의 교류를 하면서 교회 안으로 들어온 사람들은 교회 안에서 영국교회가 두고 간 교회 부동산을 관리하는 주류가 되어있고 이런 교회는 문턱이 높아 가난한 천민들이 들어가기 어렵고 들어가도 여러 가지 차이와 차별로 인하여 온전한 공동체를 이루기 어려운 것이 참으로 안타까운 현실이다.

　　더 심각한 것은 경제가 발전하고 생활수준이 높아질수록 세습되는 카스트간의 빈부격차는 극심해지고 가난한 천민들의 설자리는 점점 없어져 가는 것이다. 따라서 낮은 계층의 가정에서 자라나는 다음 세대 어린이들과 청소년들이 겪는 좌절은 부모 세대보다 훨씬 더 크다.

　　인도에 정착하는 동안 처음으로 개척된 미뜨르교회는 뉴델리 중상류층들이 사는 주택단지로 둘러싸여 있지만 낮은 계층의 가난한 이들을 품고 함께하는 교회로 세워져 간다. 이 작은 미뜨르교회의 어린이들과 청년들이 믿음으로 모든 좌절을 극복하고 카스트제도의 차별의 벽을 깨고 인도를 변화시키는 누룩이 되기를 기도한다.

2008년 5월18일

히말라야와 갠지스 사이

산에 이끌려 이끌리어서
여기 히말라야
벽옥 같은 봉우리에서
매일 마지막 새벽을 맞는다.

03

히말라야와 갠지스 사이

산에 이끌려 이끌리어서
여기 히말라야
벽옥 같은 봉우리에서
매일 마지막 새벽을 맞는다.

이제 갈 곳은 없다.
겉옷 가지러 뒤로 돌이킬 때가 아니다.
백마 탄 자의 소리가 천지를 붉게 물들인다.

물결에 떠밀려 탁류에 밀려나
갠지스 여기
언제나 변두리.

허연 노을에 타는 주검 냄새
부침하는 영욕의 물결 타고
백팔가지 꽃잎들은
영혼 없는 춤을 추고 있는데

물결 사라진 억겁의 깊이에서

수정 같은 침묵을 건넌다.

바람에 흔들리고 흔들리다
이내 바람에 기대어
*순다르 싱의 땅에 맨발로 선다.
멀리 황색 도포 자락 펄럭이고
점점 더 선명해지는 핏빛 홍포는
이 땅이 주는 잔.

오늘도 그 잔을 들었다 놓는다.

_____

*순다르 싱(Sundar Singh:1889-1929)
맨발의 성자 썬다싱이라는 이름으로 알려진 시크교 출신 인도의 전도자이다.
티벳 전도여행을 다니다가 히말라야에서 마지막 행적을 감추었다고 전해지고 있다.

산

언제나 그 자리에
구름에 가리워도
눈에 덮여도
비에 젖고 바람에 흔들려도
변함없이 그 자리에

희미하게 보이다
가끔은 보이지 않아도
언제나 그 자리에

보이지 않는다고
사라진 것이 아니다.
희미하게 보인다고
멀어진 것은 아니다.
태초부터 그 모습
지금까지 이 모습

변한 것은 세상
희미해진 것은 나의 눈
멀어진 것은 나의 마음

사라진 건 첫 사랑.

만나는 강

거기서 맑은 물 흘러온다.
여기서 흙탕물 흘러간다.
만나서 함께 흐른다.

부딪쳐 부서져도 다시 안고 흐른다.
부드런 거품으로 감싸며 같이 흐른다.
보이지 않아도 흐른다.

분노의 함성으로 일어섰다 흩어지고
흐느끼는 속앓이 안으로 감추고
속삭이며 노래하며 떠 밀려간다.
들리지 않아도 흐른다.

보이기 위해 흐르지 않는다.
들려주기 위해 멈추지 않는다.
위에서 보내니 흐른다.
아래서 부르니 흐른다.

흐르다 흐르다
온갖 색깔 품은 강을 만난다.
또 흐르다
가지가지 냄새 밴 강을 품는다.

네가 좋아서 만남이 아니다.
내가 원해서 품음도 아니다.
여기서 이때 만나게 하나니
너는 나를 모르고 나도 너를 모른다.

흐르다 흐르다
또 흐르다 알게 되려나?
너와 나는 한 곳 향하여 가고 있음을.

거기서 알게 되려나?
내가 너이고 네가 곧 나임을.

갠지스강에서

갠지스강은 강이 아니다.
고대로부터 퇴적되어 진화한 탐욕의 거대한 하수구이다.
카스트 계급투쟁의 핏빛 전쟁터이다.
휘황찬란한 제사 끝에 돈 비린내 나는 거품이
밤새 파도를 친다.

식지 않는 열기에 건너편 모래톱이 붉게 물들 때
다 타지 못한 천민의 해골은
무엇이 그리 급한지
눈을 뜬 채로 가라앉지도 못하고 황급히 떠내려간다.

+갠지스강은 인도에서는 강가(Ganga)로 불려 지며 히말라야에서 발원되어 2525km의 길이로 북인도를 관통하여 흐르는 동안 광활한 농토에 농업용수를 공급하고 생활용수와 식수를 제공한다. 특별히 갠지스강은 힌두교의 수많은 신들이 탄생한 신화를 가지고 있어서 거룩한 강으로 숭배되고 있다. 갠지스강에서 목욕을 하면 죄를 씻을 수 있다고 믿으며 갠지스강의 신을 잘 숭배하면 병을 고침 받고 복을 받는다고 여긴다. 그래서 그 물을 마시기도 하며 자신들의 사원과 고향으로 그 물을 나르는 대규모 행사를 치루기도 한다. 갠지스 강가에는 리시케쉬 하리드와르 바라나시 같은 힌두교 성지로 발달한 큰 도시들이 많은데 이 도시들은 일 년 내내 순례 객들로 인산인해를 이룬다. 특별히 갠지스 강과 연관된 힌두교 축제일에는 몰려드는 인파로 주변 도로는 마비되고 무질서로 인하여 많은 사람이 죽는 압사사고가 끊이지 않는다. 뿐만 아니라 죽은 후 갠지스강가에서 화장되어 그 재를 강에 흘려 보내면 내세의 구원에 가깝게 갈 수 있고 다음 세상에서 좋은 카스트로 태어날 수 있다고 믿기 때문에 갠지스 강변에는 어느 지역이든지 곳곳에 많은 화장터가 있고 일 년 내내 시체 태우는 연기가 꺼지지 않는다. 화장을 하기 위해서는 필요한 만큼 장작을 사야 하는데 돈이 부족한 사람들은 충분한 장작을 사지 못해서 타다만 시체를 그냥 강으로 밀어 넣는 경우가 많다. 이렇다 보니 갠지스 강은 심각하게 오염되어 자정 능력을 잃어가고 있다. 정부에서는 전기 화장시설을 권장하지만 힌두교의 관습을 따르는 인도인들이 이용하는 일은 거의 없다. 오늘날 갠지스강은 힌두교의 성지를 넘어 종교재벌 사업가들에 의하여 관광 상품화된 힌두교 제사의식이 밤마다 화려하고 성대하게 곳곳에서 경쟁적으로 치러지는 거대한 사업장이 되었다. 반면에 이 세상에서 희망이 없는 가난한 백성들과 천민들에게는 그들의 절망을 세탁해 주고 내세에 대한 부질없는 환상을 심어주는 아편의 강이다.

벌거벗은 히말라야

첫사랑 히말라야,
뜨거운 여름에도 순결함을 잃지 않던 너
멀리서 보아도 가까이 보아도 변함없이 경건하던 네가
벌거숭이가 되어 버렸구나.

머리에 쓰고 있던 순백의 면류관은 녹아내리고
가슴을 뛰게 하던 거룩한 열정마저 식어버리니
나무 한그루 키우지 못하고
잡초 한포기 싹 틔울 수 없는 불임의 땅이구나.

벌겋게 드러난 흉함과 수치는
내 영혼의 녹아내림이고
널부러진 돌무더기는
내 마음의 황무지다.

벌거벗은 히말라야
첫 사랑 잃은 내 모습이구나.

+지구온난화로 히말라야의 빙하와 만년설이 녹아내리고 있다. 10여년 전에는 로땅패스
(Rothang Pass 3,978 m)도 일년 내내 만년설로 덮여 있었으나 최근에는 더 높은 바라라
챠(Bara-lacha Pass 4,890m)에서 조차 여름에는 눈이 다 녹아버려 만년설을 볼 수 없고
황량한 암벽과 황무하고 거친 자갈밭을 보게 되었다. 만년설이 녹아버린 히말라야의 황무
한 모습은 맛을 잃어가는 소금의 모습이고 결국 첫사랑의 열정과 경건함을 잃은 구도자의
모습 같아 보기에도 민망하다.

겸손

높이 있지만
자랑하지 않는다.

가운데 있지만
흔들지 않는다.

하늘 가깝지만
땅을 무시하지 않고

높이 구름과 벗 삼지만
낮게 흐르는 강을 떠나지 않는다.

모든 것 보지만
언제나 침묵하고

모든 걸 참지만
쉬 폭발하지 않는다.

하늘에 닿았고
땅에 심겼다.

산.

바위

땅에 뿌리를 박고
하늘을 머리에 이고 섰나니
모진 세월
사시사철 풍상을 견디느라
성한 곳이 없어라.

패이고 부서지고
일그러진 채
언제나 그 자리

검은 이끼 헌 저고리 입으시고
자식 생각에
버짐꽃이 피나니
어머니 가슴에
하얀 망초

바람

얼굴을 어루만진다.
부드럽게 따스하게
때로는 아프도록 차갑게

느끼는가?
사랑의 손길을

들려온다.
작은 가지 파르르한 흔들림으로
때로는 천지를 뒤흔드는 울림으로

듣는가?
하늘의 소리를

봄꽃

웃는다.
환하게
꾸밈없는 평화.

추위를 견뎌낸 힘이다.
어둠을 뚫고 온 빛이다.
죽음을 이긴 부활이다.

별을 기다리며

이 무거운 슬픔을 어떻게 밀어 낼 건가?
이 텅 빈 외로움은 무엇으로 채울 수 있을까?
원인도 알 수 없는 이 속앓이는 또 어찌할 건가?

푸르게 춤추던 나무들은 하나 둘 산 뒤로 숨어들고
활짝 웃던 아침의 꽃들도 하품하며 눈을 감는데
내 속의 어둠은 해 떨어진 벌판보다 더 진하다.

짙어가는 회색 산 위로 별 하나 빛난다.

님의 눈물

왜 이토록 산을 찾는가?
정말 산이 좋아 미치도록 찾는가?

언젠가 산을 넘어 날 찾아오는 날이 있겠지.
봄여름가을겨울
산 뒤에서 보고 계시는 님이 왜 그립지 않으랴?

눈보라 헤치며
비바람 맞아가며
더위에도 물러서지 않고
오르는 열정이 언젠가는
나에게까지 이르겠지.
오르다 지치면 언뜻 언뜻 내 생각도 하겠지.
참고 기다리시는 님을 왜 안 만나고 싶겠는가?

산 뒤에 외면당하시는 님의 눈물이
내 눈에 흐른다.
산의 넉넉함 보다 더 오래 참으시는 님의 사랑이
내 안에 뜨겁다.

벵갈 보리수(Banyan tree)

땅엣 것 움켜쥔 뿌리들도 많을 텐데 그것으로 모자라
손을 갈래갈래 뻗어 공중의 것까지도 탐을 내는가?
으리으리한 창고에 쌓아둔 것도 모자라
천민들의 작은 밥그릇까지 빼앗는 카스트의 손아귀인가?
네 팔 가진 비쉬누 탐욕스런 촉수인가?

짓밟히고 억눌려 뿌리까지 뽑혀서
이생에서 쫓겨난 천민들 헐벗은 손들인가?

천년 묵은 그늘 아래 가부좌를 틀고 앉아 양손을 벌렸으니
천년만년 피고지고 나무관세음보살
해탈한 원숭이들 그네를 탄다.

----

*벵갈보리수 나무(Banyan tree)
뽕나무과에 속하는 나무로 힌두교신 비쉬누가 이 나무아래서 탄생했다는 신화가 있어 신
성시 되며 줄기와 가지에서 공기뿌리가 뻗어서 마치 뿌리가 공중에 매달린 것처럼 보인다.
뿌리를 공중에 매달고 서 있는 벵갈보리수 나무의 흉하고 딱하기도 한 모습을 보면 카스
트제도의 모순을 보는 듯 하다.

아름다운 땅

세상에서 가장 아름다운 땅을 보았다.

가고 싶어도 갈 수 없고 보고 싶어도 볼 수 없도록 자기 땅에 둘러쳐진 원치 않는 파키스탄 국경 장벽위로 만년설 하얗게 덮인 카시미르의 슬프게 얼어버린 아름다움을 보았다.

끝없이 펼쳐지는 편잡의 기름진 벌판을 다니면서 황금사원에 덧칠한 황금보다 더 빛나고 시크교도 머리에 쓴 터번 보다 더 아름다운 전도자 순다르싱(선다싱)의 황색 도포자락과 발자국을 보았다.

인도의 알프스라 자랑하며 길 터지게 몰려드는 외지인들 등쌀에 길가로 밀려나 돌 깨는 히마찰 여인의 등에 매달려 칭얼대는 젖먹이의 눈물과 현대인들의 식을 줄 모르고 치솟는 탐욕의 열기에 녹아내리는 히말라야의 눈물이 같은 색깔임을 보았다.

몇날 며칠을 절뚝거리며 찾은 성지 케다르낫트(Kedarnath)에서 수천 명이 홍수에 떠내려갔어도 신전은 남았으니 시바신이 살아 있는 증거라고 용케도 살아나온 고위급 사두 한 사람이 나팔을 불어도 온 백성이 철썩 같이 믿어 버리는 이유는 하얀 눈 덮어쓰고 범접 할 수 없는 높이에서 버티고 서 있는 히말라야 난다데비(7816m)의 위태로운 아름다움 덕분임을 보았다.

히말라야 녹은 물 흘러 흘러서 인간이 싸고 버린 오물 하수 품고 흐르는 갠지스 강가의 리시케쉬 바라나시 가트(Ghat)에서 오직 내세에 한 가닥 희망을 걸고 드러난 젖가슴이 부끄러운 줄도 모르고 한없이 첨벙거리는 여인들의 알록달록 너풀거리는 사리 자락에서 처절한 아름다움을 보았다.

매연과 먼지로 가득한 뉴델리 한복판에서 달려드는 아이들에겐 눈길 한번 주지 않던 배부른 마담이 길바닥에 거만하게 드러누운 소에게 정성껏 싸온 로띠를 건네고 합장하는 자비로 살찐 그 손에서 역겨운 아름다움을 보았다.

무굴제국시대 황제가 죽은 아내의 무덤으로 만들었다는 타지마할의 벽에 그려진 셀 수 없이 많은 꽃문양 속에서 희생된 백성들의 핏자국을 보았고 사면에 높이 솟은 기둥들이 누렇게 변색 되어 가는 모습에서 위장된 아름다움의 종말을 보았다.

그리고 그 모든 아름다움들 속에서 수천 년 온갖 우상숭배로 해골처럼 말라버린 이 땅 백성들의 눈에 고인 눈물을 보았다.

그 눈물 속에서 천년을 하루같이 기다리시는 아버지의 눈물을 보았다.

그 눈물 머금고 가도 가도 끝이 보이지 않는 광활한 인도 대륙에 거역할 수 없도록 들불처럼 타오르는 성령의 불길을 보았다.

이 백성들의 메마른 가슴을 적시어줄 성령의 단비를 나르는 구름을 보았다.

수억의 신들 앞에 드려지는 냄새나는 제물로 굳어진 힌두의 땅, 핏빛으로 벌겋게 얼어버린 무슬림의 땅, 금빛 찬란한 터번을 두른 시크교도들의 땅에 겨자씨를 심는다.

지금은 우상의 땅이지만 아름다운 약속의 땅에 눈물을 뿌린다.

북인도 정탐여행을 마치고

2008년 4월 9일

통증

손톱 밑에 작은 가시라도 하나 찔리면 통증이 크다. 눈에도 잘 보이지 않는 가시에 찔린 통증이지만 보통 신경 쓰이는 게 아니다.

그런데 설상가상으로 손톱 통증 신경 쓰며 가다가 넘어져서 손가락이 부러졌다. 뼈에서 느껴지는 통증에 잠을 잘 수가 없다. 뼈의 통증이 너무 커서 손톱의 통증은 잊어버리게 된다. 가시에 찔린 상처가 다 아문 것도 아닌데 그 통증은 사라진 것 같다. 큰 고통이 작은 고통을 삼키는 것이다.

가족이 인도에 처음 와서 정착할 때 아이들이 인도의 날씨와 환경에 적응하느라 몸살을 앓았다. 특히 현지 학교생활에 적응하느라 무척 힘들어 하고 아파했다. 아침에 학교 가는 아이들의 모습은 마치 도살장으로 끌려가는 송아지 같아 보였다. 그때는 그러한 아이들의 모습을 지켜보는것이 큰 고통이었다.

그러나 그 당시 나의 상황이 아이들 문제만 붙들고 씨름할 처지가 아니었다. 언어를 배우면서 사역지 개척을 해야 하는 일들이 더 시급한 일이었다. 그래서 학교 문제 등 아이들의 아픔에 많은 신경을 쓸 수가 없었다.

그러는 동안 초기사역들은 차질 없이 준비가 되어 개척이 되었고 몸살을 앓던 아이들은 스스로 하나 둘씩 극복을 하고 성장 하였다. 아마 아이들의 내면에는 그때를 견디며 극복하느라 아주 진하고 굵은 나이테가 생겼을 것이다. 그것으로 인하여 통증을 느끼는 자녀들의 모습을 보면 미안한 마음에 통증을 느낀다.

　　자녀들이 성장하며 겪은 고통들이 자신들의 십자가를 질 수 있는 힘이 되고 은혜가 되기를 기도한다. 십자가를 지고 주님을 따를 때 세상의 다른 고통들도 이길 수 있다. 그러나 십자가 지지 않으면 대신에 세상 짐을 지고 크고 작은 고통들과 끝없는 씨름을 평생 동안 하게 될 것이다.

　　하나의 큰 고난이 다른 여러 고통들을 품는다.

2009년 4월 21일

고목

인도는 참으로 종교성이 강한 백성들의 나라이다. 수억의
백성들이 수억의 신들에게 지배를 당하고 있다.

대지를 태울 듯이 태양은 빛나지만 이 땅의 백성들의 삶은
혼미하고 어둡다. 어리석게도 온갖 신화의 속임수에 속아 왔
고, 썩어 흐르는 갠지스 강에 몸을 담그며 삶의 희망을 포기
하고 카스트제도 상위 계급들이 흘려버리는 하숫물을 마시며

저들이 버리는 쓰레기를 뒤지며 희망이 무엇인지도 모르고 살아가고 있다.

거리에서 소들을 흔히 볼 수가 있다. 지나가는 사람들이 주는 음식들을 먹으며 살아간다. 그러나 그것만으로는 배가 채워지지 않으니까 쓰레기더미를 뒤지며 이것저것 아무거나 마구 주워 먹는다. 그리고는 병 들어서 길에 쓰러져 죽어 있는 것을 가끔 볼 수 있다. 아무거나 주워 먹고 배가 산처럼 불러 죽어 있는 소를 볼 때면 이것저것 집어 삼켜 배부른 힌두교 미래의 모습을 보는 듯하다.

인도에서 힌두교의 영향력은 절대적이다. 신화에 등장하는 모든 것이 신이 된다. 과연 모든 인간의 종교와 철학을 삼켜 버리는 엄청난 흡수력을 가진 종교이다. 불교를 삼켰고 이슬람교는 삼키다 토해내 변두리로 밀어냈다. 이제 기독교를 삼키려 한다.

그러나 철옹성 같았던 힌두교에 금이 가고 있다. 최근 발표된 종교인 인구조사 통계를 보면 힌두교인 수가 줄어들고 있다. 젊은이들에게 영향력을 잃어가고 있는 것이다. 하나님의 창조질서에 반하는 카스트제도의 철벽이 무너져 내리면 힌두교 우상의 거짓과 어둠도 만천하에 드러나게 될것이다.

힌두교는 이미 고목이 되어 버렸다.
아무리 물을 주고 많은 거름을 뿌린다 해도 고목 나무에는 열매가 맺히지 않는다.
새로운 씨앗을 뿌리고 새 묘목을 심어야 한다.

150년 전 어둡던 조선 땅에 복음의 빛을 비추어 주신 하나님께서 인도 땅에 빛을 비추고 계신다. 캄캄한 이 땅에 하나님 영광의 해가 뜨는 날이 가까이 다가오고 있다.

그날을 바라보며 오늘도 씨를 뿌리러 어둠 뚫고 먼 길을 떠난다.

2009년 6월 22일

이중국적자

인도에 살고 있는 한인들에게 "인도에 계속 살 마음이 있는
가?"라고 물어 보면 거의 대부분의 사람들은 그럴 마음이 없
다고 대답을 한다. 유학 온 학생들은 공부를 마치는 대로 곧
돌아갈 것이고 회사에서 파견을 받고 나온 주재원 가족들은
돌아가는 항공권을 미리 예약해 놓고 있다가 파견기간이 끝나
는 날 즉시 비행기를 타겠다고 한다. 덥고 더럽고 더딘 인도환
경에 적응해 살기가 만만치 않기 때문이다.

인도에서 사는 것보다 고국에서 사는 것이 여러 가지로 훨
씬 더 편하고 좋다는 것을 알기 때문이기도 하다.
그런데 만일 기후와 문화 등 생활환경이 한국보다 인도가
더 좋다면 생각은 달라질 것이다. 고국으로 돌아가기 보다
는 현지에서 적응해서 오래 살기를 원할 것이다. 어쩌면 인
도 시민권을 받기 위한 노력도 할 것이다. 아직은 불가능하
지만 말이다.

화려한 로마제국시대에 피식민지 현지인들에게 로마의 시
민권을 선택적으로 발급을 해 주었다고 한다. 로마시민권은
부와 권력에 연결될 수 있는 기회와 특권의 상징이었다. 로마

시민권을 받고 자연스럽게 막강한 부와 권력의 그늘 아래 타락한 문화와 풍습에 물들어 가다가 함께 멸망했던 역사가 있다.

사도바울은 그러한 상황 속에서 로마시민권이 주는 달콤함에 빠져있는 그리스도인들에게 "그리스도의 십자가의 원수"로 행하고 있다고 경고를 하면서 우리의 시민권은 로마에 있지 않고 하늘에 있다고 외쳤다. 로마시민권을 가지고 로마제국에 살고 있지만 사실은 천국시민권을 가진 하나님의 백성이라는 것이다. 즉 이중국적자 라는 것이다.

그렇다 나는 이중국적자이다.
아니 더 정확한 표현은 나의 시민권은 오직 하나 천국 시민권이 있을 뿐이다.

내가 이 땅에 태어나서 취득한 국적은 영원히 허락된 영주권이 아니다. 하나님께서 허락하시는 기간 동안만 살 수 있도록 하나님께서 발급해 주신 한시적 비자(VISA)이다.
이 땅에서 어느 나라 국적 혹은 시민권을 가졌든지 그것은 영원한 것이 아니라 하나님이 주신 한시적인 비자라는 사실을 기억하고 살아가야 한다.

어느 나라든 비자를 발급해 줄때는 비자의 목적대로 그리고 허락된 기간만큼만 거주하도록 거주 목적과 기한을 엄격히 제한 한다. 지키지 않으면 불법체류자가 되는 것이다.
어느 누구도 이 땅에 영원히 살 수 없다. 하나님께서 허락하시는 기간만큼만 살 수 있다는 사실을 잊어버리고 영원히 살 것처럼 살아서는 안 된다. 그리고 하나님께서 이 땅에 파견하신 목적대로 살아야 한다.

사람들이 나에게 묻는다.
"인도에 계속 살 마음이 있느냐?"
"인도에 뼈를 묻을 것이냐?"
미안하지만 나의 대답은 이것이다.
"아니요. 그럴 마음 없습니다. 어서 빨리 고향으로 돌아가

고 싶어요."

"나의 영원한 고향은 하늘나라 입니다."

"나의 시민권은 하늘에 있습니다."

북인도 히말라야 마지막 마을, 남은 족속에게 천국의 복음
이 전파되는 날 주님은 약속대로 다시 오실 것이다. 그 날이
속히 와 이 나라를 떠나고 싶다.

불법 체류자 될까 긴장하지 않아도 되는 나라에서 감시당하
지 않고 비자 걱정 없이 살고 싶다.

언제쯤 이중국적자 신분이 끝나게 되려나?

2010년 10월 17일

밖의 우상 안의 우상 / 개종과 회심

  성도의 가정에 문제가 생겨서 기도요청이 있거나 식사 초대를 받아서 방문해 보면 어떤 성도의 집에는 힌두교 신상이 먼지를 잔뜩 뒤집어 쓴 채로 방 한쪽 구석에 버티고 있는 것을 보게 된다. 먹지 말아야 할 것을 먹다가 들킨 사람처럼 미안해하는 눈치가 역력하다.

  나는 그것을 '왜 치우지 않느냐?'고 묻지 않는다. 굳이 듣지 않아도 알기 때문이다.

  힌두교 가정에는 보통 마당이나 거실 그리고 방에 자신의 신을 모셔 놓는다. 건물을 지을 때 처음부터 거실과 각 방에 신을 안치할 작은 신전을 만들기도 한다.

  그리고 매일 아침저녁으로 신 앞에 꽃과 제물을 바치고 향을 피우며 뿌자(힌두교 의식)를 한다. 직장인들이나 상인들은 사무실과 가게에 출근하여 제일 먼저 한쪽에 자리 잡은 자신들의 신에게 뿌자를 행하고 나서야 일과를 시작한다. 출근 시간과 약속 시간에 지각은 밥 먹듯이 하면서도 뿌자 시간은 신기할 정도로 빼먹지 않고 잘 지킨다. 상점주인은 아무리 고객들이 물건을 들고 계산대 앞에 줄지어 서 있어도 신 앞에 모은 손을 내리지 않는다. 운전수들은 출발 시간이 이미 훨씬 지났

음에도 운전대를 지켜보는 신에게 향 피우기를 생략하는 일
은 없다. 그럴 때 빨리 가라고 늦었다고 안달하는 이는 외국
인 한 사람 빼고 없다.

성도들 대부분이 힌두교 가정 출신이다. 조상 대대로 이어
져 내려오는 힌두교 문화와 관습이 뼈 속 깊이 박혀있는 사람
들이다. 복음을 듣고 교회를 다니기 시작했다고 이러한 문화
와 습관을 하루아침에 잡초 뽑듯이 쑥 뽑아 버리기가 쉽지 않
은 모양이다. 물론 우리 성도들은 주님을 영접한 이후에는 힌
두교신에게 이전처럼 마음과 영혼을 바쳐 뿌자를 드리지는 않
는다. 그럼에도 조상 때부터 숭배해 오던 그 우상을 당장 제거
하기가 쉽지 않은 이유가 있다.

바로 개종금지법 때문이다. 대부분의 주에서는 개종을 할
경우에 타인에 의해서가 아니라 자신의 자발적인 의지와 결정
으로 개종했음을 법무사나 변호사 등의 공증을 받아 법원이나
관공서에 신고 절차를 밟아서 해야 한다. 따라서 인도에서 개
종은 쉬운 일이 아니다. 단순히 종교를 바꾸는 일이 아니라 삶
의 모든 것이 바뀌는 것이다. 경제적으로 사회적으로 삶의 근
거를 잃어버릴 수도 있다.

힌두교 가정법에 의하여 개종한 자는 상속권이 박탈된다.
즉 가문에서 축출되는 것이다. 낮은 카스트의 경우에는 국가
에서 주던 혜택이 전면 중단된다. 직장을 구하는데 제한을 받
는다. 나아가 이웃들로 부터 배척을 당하고 고립된다. 언제든
지 멸시와 박해를 받을 각오를 해야 한다.

이런 현실 속에서 자신의 집에 있던 힌두교 신상을 제거한

다는 것은 가족 친척들이나 이웃들에게 개종을 선언하는 것이고 그 표시로 보여지는 것이다.

　물론 모든 것을 다 잃을 각오와 준비가 되어 있다면 망설임 없이 모든 우상과 신상을 깨끗이 제거할 것이다. 실제로 많은 우리의 용기 있는 성도들은 그렇게 주님을 위해 결단하고 있다.

　그러나 더러는 여러 가지 이유로 먼지 쌓인 힌두교 우상을 치우지 못하고 미안해하는 성도들이 있다. 그들에게 나는

'왜 그것을 치우지 않느냐?'고 묻지 못하겠다.

대신 스스로에게 묻는다.
'내 안에는 제거되지 않고 버티고 있는 먼지 쌓인 우상은 없는가?'
'개종 없는 회심은 가능한 것일까?'

2011년 3월 25일

하늘을 이불 삼는 집

사역지에 가면 사역자의 집에서 가족들과 함께 먹고 잠을 잔다. 대부분의 사역자들은 방이 하나 혹은 두개 딸린 집에서 어린 자녀들과 함께 살고 있다. 그러니 내가 가게 되면 미리 잠자리를 준비해야 하니까 어떻게 할 것인지 물어 온다.

나는 가장 넓고 제일 좋은 방을 준비해 놓으라고 한다. 그러면 처음에는 무슨 뜻인지 몰라서 당황한다. 그런 방이 자기들에게 없는 것을 알면서 그렇게 요청을 해 오니 난감한 모양이다.

그러면 나는 가장 좋은 방이 무엇인지 설명을 해준다.

세상에서 제일 좋은 방은 하늘 이불이 있고 별들로 전등을 달았고 화장실은 여러 개 딸린 방이라고 하면 잘 못 알아 듣는다. 그렇게 비싼 호텔이 주변에 없다는 것이다.

그러면 다시 천천히 알아듣기 쉽게 설명을 한다.

에어컨 없어도 괜찮고 이불은 없어도 되고 화장실은 주변 여기저기에 열려 있으니 없어도 되고 마당에 빨랑그(나무틀에 새끼줄로 엮어 만든 간이 침대) 하나 놓으면 세상에서 최고 좋은 방이 된다.

어떻게 마당에서 자느냐고 자기들이 밖에 잘 터이니 나더러 자기들 방에 들어가 자라고 사정을 한다.

다시 한번 나의 좋은 방을 빼앗을 생각하지 말라고 못을 박아둔다.

실제로 더운 여름 좁은 방안에서 자는 것 보다 마당에서 자는 것이 훨씬 시원하고 잠도 잘 온다. 흙냄새 올라오는 빨랑그에 누워 하늘을 펴 이불 삼으면 별들이 하나둘씩 반짝이며 조용조용 말을 걸어온다. 별들은 언제 봐도 참 겸손하다. 누구와도 눈을 맞추고 친구가 된다. 바라보는 이에게 금방 평화를 준다. 설레는 꿈을 준다.

드넓은 밤하늘이 지금 내 것이다. 세상을 다 얻은 듯 감사하다. 자다 깨다 별들과 모기들과 놀다보면 힌두교 사원 만디르에서 밤의 정적을 깨는 뿌자소리 들려오고 질세라 시크교사원 구르드와라에서 이슬람사원 마스지드에서 경쟁하듯이 자기들의 목소리를 더 크게 틀어재끼며 아침을 맞는다.

언제 일어났는지 라즈니 자매 그릇 씻는 소리 들리는가 싶더니 벌써 알루 빠란따 익는 냄새 아침마당에 구수하다.

라즈니가 만들어주는 빠란따 맛을 잊을 수 없어 하늘을 이불 삼는 집에 자주 오고 싶어 지는지도 모르겠다.

2012년 6월 27일

---

*알루빠란따
인도인들이 주로 아침식사로 먹는 음식이다.
삶은 감자를 으깨어 밀가루 반죽 속에 넣어서 굽는데 마치 빈대떡과 비슷하다.

씨를 뿌릴 때에

히말라야 아래
이 땅 곳곳에 뿌려지고 있는 뜨거운 기도와 눈물들
알지요, 얼마나 큰 사랑인지

04

씨를 뿌릴 때에

지금은 보이지 않아도
보고 싶어도 볼 수 없지만

꼭 와야 할 그 날에
함께 볼 수 있도록 해야겠지요.

히말라야 아래
이 땅 곳곳에 뿌려지고 있는 뜨거운 기도와 눈물들
알지요, 얼마나 큰 사랑인지.

여러분들이 보내주신
씨를 받아서 뿌릴 때

보기에 좋으라고
길바닥에 말고

해 뜨면 말라버리고 마는
얄팍함도 아니고

이런 놈의 망할 세상 영광과 탐욕의 가시덤불에는
아니기가
더 더욱
어렵습니다.

방부제

먼 길에서 돌아와
허한 몸을 좀 챙기고 싶은 마음에
생선 몇 마리 샀다.

핏기 없는 토막들을 검은 봉지에 쑤셔 넣는다.
지독한 포르말린 냄새가 코를 찌른다.
불어터진 두부처럼 허연 살점에 파리떼가 까맣고
삭아 부러진 가시가 벌써 목에 걸린다.

속임 당한 분함과 먹어야 산다는 욕구를 다져서
바글바글 끓인다.
거짓 덩어리를 삼킨다.

썩은 살점에 침투하여
끓는 물로 활성화된 방부제가 정수리까지 뻗어 온다.
밤새 복통을 안고 뒤척인다.

그다지 식탐 있는 건 아니지만
몸은 가끔 챙겨야 한다는 막연한 생각

이제는 그마저도 버려야 한다.
방부제가 완전히 빠지도록
먹는 걸 멈추고 비워야 한다.

방부제로 버틴 생선은 독이 되듯이
거짓으로 포장된 위선의 날들은
모두를 병들게 하는 전염병이다.

회개 없는 사역은
썩은 생선이고
그것의 연명은 방부제다.

요단강에서 갠지스강으로

요단강물 멈춰 선 침묵 사이로 약속의 땅 찾아 가는
다급한 발자국 소리 들려옵니다.
그 강 한가운데
마지막 한 사람까지 잃지 않으려 꼿꼿이 선
제사장 어깨위로 말씀궤가 보입니다.

저 만치 언덕에 강을 건넌 이들이 세운 돌 열두 개에서는
강을 건넌 기쁨과 감사의 함성이
징소리처럼 들려옵니다.
증인처럼 둘러 선 돌들이 손짓을 합니다.
어서 강을 건너라고…

다시 십자가를 바라봅니다.
나의 검붉은 죄가 보입니다.
차마 부끄러워 얼굴을 들 수가 없습니다.

이제는 피할 곳도 숨을 곳도 없습니다.
십자가를 잡습니다.
삼손에게 주신 마지막 힘을 주신다면

십자가 지겠습니다.
갠지스강 건네주는 다리를 놓겠습니다.
브라만과 달릿이 하나 될 때까지
히말라야 험한 계곡에 다리가 되겠습니다.

신랑 오시는 그 날까지…

강을 건넌 님들이여
함께 걷는 벗님들이시여
너무 오래 걸리지 않도록
청사초롱 불 밝히고
다리 되어 주소서.

갠지스강 언덕에 돌 열두 개 세워질 때까지…

그림자

그쪽 먼저 이쪽 나중
동지 지나
이쪽 먼저 그쪽 나중
웃고 우는 사이
해는 지나니.

서서히 다가오는 어둠의 그림자
마음속까지 드리운다.

먹먹하게 아련하게
연기 내음 따라
슬픔도 스민다.

해 떨어져 설익은 어둠이 더 아프다.
차라리 캄캄한 밤이면 묻어버리련만
여전히 산허리 바위처럼 불쑥불쑥 나타나는
허허로운 그림자는 누구의 것인가?

어둠아!
이 슬픔을 삼켜버려라
별이 뜨기 전에.

매일 밤이 오는 까닭

매일 밤
강제로 태양빛을 가리시는 까닭이 있다.
하루 종일 고단한 육체에 쉼이 필요하다.
아기 위해 불을 끄는 엄마처럼
사랑하는 자에게 잠을 주신다.

육체를 위해서만 밤이 필요한 것은 아니다.
잠만 자라고 밤을 주시는 것은 아니다.
어둔 밤에도 영혼은 깨어 있어야 한다.
깨어서 육체를 지키고 내일을 준비해야 한다.
낮 동안 묻은 먼지를 털어내며 굽어진 마음을 펴고
상처를 치료해야 한다.

매일 어둔 밤이 오는 까닭은
오늘의 절대 암실 속에서 내일 위한 작품 한 장
만들어 내기 위함이다.

흙

조심조심 바람 소리
토닥토닥 흙 파는 괭이 소리에
굽은 허리.

오직 땅만 바라보나니
씨알을 심는다.
흙에 맡긴다.

흙은
거짓이 없다.
허리를 펴고 하늘을 본다.
밭가로 스치는 바람 검불을 날리면
흙먼지 다가와 이마를 만진다.
하늘엔
경쟁이 없다.

누가 하늘과 견주어
그 높음을 끌어 내리며
누가 흙을 속이고
그 맑음을 더럽히랴?
걱정이 없다.

문샤리(Munsiyari)가는 길

낯선 길을 떠나기가 쉽지 않다.
얼마나 먼지?
길은 어떤지?
가다가 무슨 일을 만나게 될지?
거기서 안전한 거처를 얻게 될지?
그곳엔 어떤 사람들이 살고 있는지?
모든 것이 불확실하다.
확실한 것이라고는 가라는 명령뿐이고
가야한다는 소명뿐이다.

하나님의 도우심을 바라고
하나님을 의지하기 위해
나를 포기해야 하는 길
이것이 소명의 길이다.

안전이 보장된 길이 아니다.
남들이 다 갔던 길도 아니다.
그런 길이라면 내가 갈 이유가 없다.
길 가는 동안 길을 물으며

나를 찾게 하소서.

이른 아침 깨어나
빤쯔출리 빛나는 얼굴에서
주님을 보게 하시고

해거름
조용한 바람소리 속에서
주님의 음성을 듣게 하소서.

---

*문샤리(Munsiyari)
우타르칸드 꾸마온 지역(Kumaon Region)의 가장 동쪽에 위치한 히말라야산맥 중에 있는
마을이다. 빤츠출리(Panchchuli, 해발6,334m~6,904m)라는 이름의 다섯개의 봉우리들이
형제처럼 나란히 서 있는 광경이 평화롭다. 그곳에서 작은 학교를 운영하는 와기쉬와 옷
감을 만드는 락시만과 그의 가족들을 친구 삼고 있다.

결정적 실수

완벽함을 바라지 않는다.
그러기에 위선과 거짓은 더욱 싫다.

순간마다 고비마다
주인 앞에 진실하기 원하고
주인의 입장을 생각하고
주인의 음성을 듣기위해
기다려 주기를 바랄뿐이다.

선택은 네가 할 때 하더라도
너를 지켜보는 주인이 있다는 것을 인정하며 하라.

가장 큰 실수는 결정적 순간에
너무 빨리
주인이 있음을 잊어버리는 것이다.
가던 길을 계속가든
돌아서든 그것은 두 번째 문제이다.

가장 먼저 할 일은
결정을 내리기 전
생각과 행동을 멈추는 것이다.

이것이 기도이다.

개종금지법

다른 사람을 개종시켜서는 안 된다.

마하트마 간디는 말한다.
"나를 개종시키려 하지 말라,
먼저 너희가 예수의 제자인 것을 보여 달라."

하나님을 말하기 전에 사랑을 보여주고
예수를 전하려면 십자가 지고 하라.

건물을 세우지 말고 하나님 나라 세우고
교인을 모으지 말고 제자를 길러야 한다.

개종금지법 얼마든지 하라.
종교를 바꾸지 않고 사람을 바꾸면 된다.

사람이 바뀌면 새 세상 오려니
개종금지법은 선교금지법이 아니라
새 시대 선교 방법론이다.

*개종금지법 (Anti conversion laws)
다른 사람을 인위적인 방법으로 개종을 시킬 경우 엄한 처벌을 받도록 한 이 법률을 빌미로 오늘날 힌두교 원리주의 자들이 타종교인들을 핍박하고 강제 역개종 시키는 행사들을 조직적으로 강행함으로 사회적 갈등이 증폭되고 있다.

평화

같아져야 평화
너를 낮출 수 없으니
내가 낮아짐이 너와 내가 같아지는 길.

내가 죽어야 평화
내가 죽는 길이 내가 너와 함께 사는 길.

네가 살면 평화
네가 사는 길이 내가 사는 길.

낮아지고 죽어주어
같아지는 힘
이것이
평화

스탠리 존스의 무덤 앞에서

인도의 길을
간디와 함께 걷던 당신이
여기에 누워 있군요.

당신의 이름으로 세워진 아쉬람(수양관)은
지금 조용합니다.
애절한 통곡소리 어디선가 들려 올 법도 한데
암내 난 원숭이 소리만 귀청을 찢습니다.

저 아래 호수에는 상관없이 어쩌다 물결이 일고
그 소리 찬바람이 예까지 실어 옵니다.

당신이 뼈를 묻기까지 가꾸신 이 땅엔 다시 잡초가 무성하고
인도의 길을 걷던 예수는 지금도 먼지 나는 그 길을 걷고 있
습니다.

---

*스탠리 존스(E. Stanley Jones, 1884년~1972년)
미국감리교 출신 선교사로 마하뜨마 간디와 교제했고 〈인도의 길을 걷고 있는 예수〉 책
을 쓰기도 했으며 삿딸(Satal)이라는 곳에 자신이 세운 아쉬람(Ashram, 수양관)에 묻혔다.
바로 옆에 있는 빔딸 사역지에서 일을 마치고 가끔 가보면 수양관은 한적하고 잡초 무성한
수양관을 둘러싸고 있는 호수에는 뱃놀이하는 나들이객들로 늘 북적인다.

마살라(Masala)와 고추장

인도의 거의 모든 요리에는 마살라라고 하는 향신료가 들어간다. 그 향과 맛이 아주 강하고 독특하여 비위가 약한 사람들은 여행을 와서 인도음식을 잘 먹지 못해서 고생을 한다.

그런데 고추장만 있으면 해결이 된다. 마살라 냄새 때문에 속이 메슥거리고 느끼할 때 고추장을 조금 입에 넣으면 모든 것이 정리 된다. 잡다한 향과 냄새가 고추장이 들어오면 알아서 싹 사라지니 말이다. 강한 맛이 연한 맛을 이기는 것이다. 과연 고추장은 향신료를 비롯한 모든 음식의 맛과 향을 평정할 수 있는 황제라 할 수 있다.

이 세상이 주는 맛들은 진화하는 사람들의 미각만큼이나 점점 다양하고 고급스럽게 발달하여 사람들을 유혹한다. 그 맛에 빠지면 점점 하나님으로부터 멀어지고 하나님 없이도 인간의 모든 문제들을 스스로 해결할 수 있는 것처럼 착각하게 된다. 세상이 주는 달콤한 맛보다 더 강한 맛을 아직 맛보지 못했기 때문이다.

　　더 강하고 달콤하고 자극적인 맛을 찾아 떠도는 세대를 위
하여 다시 메주를 쑤고 고추장을 담아야 한다.

　　그런데 내 안에 소금은 남아 있는지 모르겠다.
　　맛 잃은 소금이 되지 않도록 깨어 있어야 한다.

2011년 5월 20일

샛별

　우타라칸드 지역에 있는 히말라야 사역지에 가면 밤하늘의 아름다운 별들을 가까이 볼 수 있다. 수많은 별들 중에서 새벽별 그리고 새벽별 중에서도 샛별을 특별히 좋아한다.

　샛별은 계명성이라고도 하고 순우리말로는 개밥바라기별이라고 불린다. 늦은 오후 해가 넘어가기도 전에 배고픈 개가 밥그릇을 달그락거리며 밥을 찾을 때 뜨는 별이라서 그런 이름이 붙었다고 한다.

　샛별을 좋아하는 이유는 별 중에서 제일 밝은 별이기 때문이 아니다. 샛별을 좋아하는 진짜 이유는 이 별이 다른 별들보다 가장 먼저 뜨고 또 다른 별들 보다 제일 늦게 지기 때문이다.

　샛별은 해가 지기 전 어두워지기도 전에 나타나서 부지런히 밤 맞을 준비를 한다. 다른 별들이 나오려고 옷을 입고 신발을 신는 동안 땅거미 틈새의 어슴푸레한 공백을 채워주는 것이다. 혹시 한 사람이라도 어두워서 넘어지는 일이 없도록 미리부터 어설픈 햇 어둠을 밝히는 것이다.

　학교에서 타박타박 돌아오는 배고픈 아이의 길동무가 되어주고 장에서 돌아오는 어머니의 저녁 보따리를 비추어 가볍게 해 준다.

다른 별들과 함께 밤을 꼬박 깨어 지키다가 새벽이 되어 다른 별들이 하나둘씩 다 돌아가고 사라져 가도 끝까지 혼자 남아 우주의 구석에 남은 마지막 어둠까지도 밝혀 준다.

이른 새벽 기도하고 돌아오는 이들의 길을 밝혀주고 소 끌고 들로 나가는 농부들의 구불구불한 논둑길을 조근 조근 펴 준다. 그러다가 해가 떠서 환하게 온 세상을 비추는 것을 똑똑히 보고서야 조용히 사라져 간다.

히말라야 길목 빔딸(Bhimtal)에서 조용한 새벽, 샛별을 바라보노라면 눈물이 난다.

밤처럼 캄캄한 인도 땅에 언젠가 주님은 오실 것이다. 그때까지 이 땅을 비추다가 이 땅의 백성들을 주님 손에 넘겨주는 샛별이고 싶다.

2012년 4월 25일

+빔딸(Bhimtal)은 마지막 기차역이 있는 카드고담을 지나서 히말라야 산악지역으로 들어가는 길목에 있는 작은 도시이다. 그곳에 히말라야 선교를 위한 작은 선교공동체를 세워 가고 있다.

천년 같은 하루 하루 같은 천년

　주님께는 하루가 천년같고 천년이 하루같다 하셨다.

　그러나 인간들에게는 하루와 천년은 엄청난 차이다. 인간
에게 하루가 천년일 수 없고 천년이 하루일 수도 없다. 다만
천년 같은 하루가 있을 수 있고 하루 같은 천년이 있을 수는
있다.

　천년같이 느껴지는 하루가 있을 수 있다.

　시간이 끔찍하게 더디게 간다는 것이다. 찬바람과 맞서 어
둔밤을 지새는 파수꾼, 이런 저런 이유로 감옥에 갇힌 죄수들,
오래된 병으로 병상에 누워 있는 환자들에게는 하루가 천년
처럼 느껴질 것이다.

　그 외에도 힘거운 인생을 하루하루 살아내야 하는 사람들에
게는 하루가 무척 길 것이다.

　그러나 파수꾼에게도 갇힌 죄수에게도 오랫동안 병상에 누
워 있는 환자에게도 그리고 힘거운 인생을 살아가야 하는 고
달픈 인생일지라도 약속과 희망이 있으면 그래도 견딜만할
것이다.

　예수님은 십자가 위에서 천년 같은 하루를 참아 내셨다. 손과 발에 못이 박힌 채로 물과 피를 다 쏟아 내시기까지 견디셨다. 그 누구도 함께할 수 없는 절대 고독의 시간을 홀로 견디어 내셨다. 하나님의 구원의 약속을 이루시기 위하여 주님은 천년 같은 하루를 십자가 위에서 참아 내신 것이다.

　오늘날 주님을 따르기를 원하는 제자들도 주님처럼 천년과 같은 하루를 견디어야 할 때가 있다. 복음 때문에 참고 예수 때문에 핍박을 받고 고난을 감내해야 하기 때문이다.
　십자가를 지고 예수님의 뒤를 따라 골고다 언덕길을 걸어가야 하기 때문이다.

그렇게 하루하루 걸어가노라면 하루 같은 천년도 찾아 올 것이다.

이때는 시간을 재는 것이 무의미할 것이다.

어떤 사람에게 천년이 하루같이 여겨질까?

기쁘고 행복한 사람, 사랑하는 사람과 함께 있는 사람이다. 구원의 은총을 받고 이 땅의 것과는 비교할 수 없는 하늘의 기쁨과 행복을 맛본 사람이다.

그러나 이 땅에서 맛보는 이러한 기쁨과 행복은 그것이 아무리 커도 장마철에 먹구름 사이로 언뜻 언뜻 비치는 햇살 정도일 것이다. 완전하고 영원한 기쁨과 행복은 주님 오시는 그날에 주님과 함께 맛볼 수 있을 것이다.

    나는 요즘 인도 땅에서 어쩌면 천년 같은 하루하루를 견디
며 살아간다. 이렇게 살 수 있는 것은 하루 같은 천년이 곧 오
리라 믿고 기다리기 때문이다.

2013년 12월 30일

치유 모임

　최근 인도는 경제적으로 급성장하며 많은 인구를 바탕으로 국내총생산액(GDP)순위가 세계 7위에 올랐으나 일인당 평균소득은 1573달러로 빈부의 격차가 갈수록 심해지고 있다.

　또한 도시화가 빠른 속도로 진행되고 있다. 유엔의 세계인구조사보고서에 따르면 인도 전체 인구 가운데 도시 거주 인구 비율을 뜻하는 도시화율은 현재 약 31%에서 2030년에는 41%에 이를 것으로 전망하고 있다.

　이렇게 도시화가 급속도로 진행되면서 도시로 나온 청년들은 직장문제와 문화충격으로 고통을 당하고 농촌에 남아 있는 청년들은 낮은 농산물 가격으로 인하여 빈곤문제와 문화적 소외감으로 고통을 겪는다.

　인터넷의 보급으로 세계의 흐름을 수시로 접하면서 전혀 변하지 않는 자신들의 현실에 절망한다. 또한 급속한 경제적 사회적 변화에 반하여 우상숭배의 미개함과 전근대적인 종교적 관습들 그리고 이것들을 합리화해서 고착시키는 카스트제도의 억압적이고 비인간적인 잔인함을 깨닫게 되면서 정체성 혼란을 겪는 것이다.

　이러한 급속한 변화에 적응하지 못하고 정체성 혼란을 겪는 청소년들은 일시적 안정감을 주는 알콜과 약물중독에 빠지게 된다.

인도에서는 특별히 허가를 받은 매장에서만 주류를 판매할 수 있도록 비교적 엄격하게 규제하는 편이다. 이렇게 주류 판매를 규제하는 정책의 반대급부로 비밀리에 술을 제조하여 브로커들을 통해 유통시키는 밀주업이 성행하여 더 많은 숨은 알콜중독자들을 양산하는 원인이 되기도 한다. 특히 농촌지역에서 불법 밀주의 유통으로 인한 문제가 심각하다.

이러한 상황 속에 알콜과 약물중독으로 병들어 가는 청년들을 위하여 예방과 치유모임을 진행하고 있다. 현재 9명이 참가하고 있다. 지난주에는 참가자들에게 십자가 복음을 집중적으로 가르치고 증거 하였는데 그러는 중에 회개하고 성령의 역사를 체험하였다. 이들이 치유모임을 마치고 가정과 사회 속으로 돌아가 더 이상 술과 약물에 의존하지 않고 오직 믿음과 성령의 도우심 만으로 살아 갈 수 있게 되기를 간절히 기도한다.

인도의 청년들은 고사목이 되어버린 자신들의 전통 종교를 대체할 새로운 종교와 새로운 삶의 방식을 찾아가는 중이다. 인도의 방황하는 청년들을 참된 길이요 진리요 생명이신 예수 그리스도에게로 인도하는 다리가 필요하다.

2014년 4월 28일

선풍기 바람과 성령의 바람

　　그동안 각 지역에 흩어진 제자들과 그리고 제자들에 의해 세워진 가정교회 사역자들을 위한 제자훈련을 진행해 왔다.

　　이번에는 제자들의 각 교회와 새롭게 개척된 가정교회들을 순회하면서 현장에서 제자훈련을 받고 있는 청년들과 평신도들을 위한 영성집회를 실시하고 있다. 교회들을 방문하여 예수님의 제자로 세워져가고 있는 청년들과 성도들을 말씀으로 격려하면서 그동안 훈련 받은 내용들을 점검하고 있다. 꼭 필요한 이러한 과정을 통해 제자들의 현실 생활과 사역의 어려움을 이해하고 구체적인 지도를 할 수 있다.

　　강의와 훈련을 진행 하노라면 땀으로 목욕을 하게 된다. 수시로 정전이 되어 그나마 더운 바람이라도 일으켜 주던 천정에 매달린 선풍기가 멈추어 서면 그야말로 땀방울이 비처럼 흘러내린다. 그러면 성도들은 안쓰러운 표정으로 나를 바라보며 괜히 미안해 한다. 그러면 나는 이렇게 위로의 말을 해 준다. "선풍기 바람은 멈추었지만 대신에 성령님의 바람은 더욱 강하게 불어옵니다. 선풍기 바람은 잠시 우리의 몸을 조금 시원하게 해 주지만 성령님의 바람은 우리의 영혼과 마음까지 영원히 시원하게 해 줍니다."라고 말이다. 그러면 성도들

은 웃으면서 크게 "아멘" 한다. 그 한마디가 더위와 피곤함을
이기게 해 주는 힘이 된다.

"나의 자녀들아 너희 속에 그리스도의 형상을 이루기까지
다시 너희를 위하여 해산하는 수고를 하노니"(갈라디아서 4장
19절)하는 사도 바울의 고백이 요즘 나의 고백이다.
　저들의 믿음이 조금씩 자라고 있음을 현장에서 직접 보니
얼마나 감사하고 기쁜지 모른다. 영적 자녀를 낳고 기르는 그
기쁨은 천국의 기쁨 그 자체이다.
　이 기쁨을 누가 알 수 있을까?

2014년 5월 10일

마지막 마을

    요즘 나의 관심은 북인도의 최북단 히말라야 높은 봉우리 중 하나인 난다데비로 가는 길목에 위치한 조시마트에 가 있다. 갠지스강의 발원지이기도 한 이 지역은 힌두교 성지들이 몰려 있어서 성지순례 오는 이들의 발길이 끊이지 않는 곳이다. 그래서 이 지역을 데비부미(신의 땅)라고 부른다.

    바로 이곳에 친구 D.K(디케이) 가족이 살고 있다. 어제는 디케이가 함께 어디를 가자고 하더니 눈 덮인 히말라야 속으로 몇 시간을 걸어가는 것이었다. 산을 좋아하는 나로서는 기꺼이 히말라야를 함께 등산을 하였다.

    디케이가 나를 인도하여 도착한 산속에 힌두교 사원이 있었다. 사원 이름은 바비쉐 바드리 (미래의 신)인데 사원 중심에는 붉은 천으로 둘러싸인 작은 돌기둥이 서 있다. 그 돌이 땅에서 솟아나 점점 자라고 있다고 사람들이 믿고 있는데 앞으로 100

년 후에는 완전히 자라나 세상 최고의 신이 될 것이라고 말한다. 그 지역 사람들은 그 돌기둥이 자신들의 미래를 구원해 줄 신으로 믿고 기다리며 산다는 것이다. 불교에서 말하는 미륵불(다가올 세상의 부처)신앙인 셈이다.

진지하게 설명하는 디케이에게 순간 무슨 말을 어떻게 해야 할지 몰라 마음이 먹먹하게 아파왔다. 그동안 내가 전하는 복음을 듣기만 하던 그가 이제 자신의 속마음 이야기를 하기 시작한 것이다. 조상대대로 믿어오는 돌기둥 힌두신에게 자신들의 미래를 걸고 있는 이 가정을 어떻게 예수 그리스도에게로 인도할 수 있을까?

나의 힘으로 내가 할 수 있는 일은 이제 그리 많아 보이지 않는다. 그나마 내가 할 수 있는 일에는 한계가 분명하다. 하나님의 전적인 개입을 통한 기적이 일어나야 하겠다. 하나님의 개입과 도우심을 기다리면서 기회를 놓치지 않도록 깨어 있어야 한다.

돌아오는 날 건강이 좋지 않은 디케이의 어머니는 손수 농사 지은 콩 한 자루와 집에서 손으로 만든 방석을 선물로 주시고 마을 어귀까지 나와서 손을 잡아 주신다.

데비부미(신의 땅) 조시마트가 복음으로 말미암아 진정 거룩한 땅이 되고 거기에 하나님의 나라가 임하기를 기도한다.

2015년 4월 29일

나는 아무것도 아니다

그러나 나의 주인이시여!
성전 휘장 찢어져 어둠이 벗겨지고
빈손으로도 가릴 수 없는 것들이 드러날 때
당신마저 없으면
나는 아무것도 아닙니다.

05

나는 아무것도 아니다

나는 아무것도 아니다.

가진 것 없이 빈손으로 태어났다.
그때부터 나는 아무것도 아니었다.

의지할 것 없는 삶 맨몸으로 살았다.
눈보라 치는 저수지 뚝방길 걸어갈 때
흔들리는 수풀처럼 나는 아무것도 아니었다.

길을 알려주는 사람 하나 없었다.
꼭대기 없는 산과 이정표 없는 거리를 헤매었다.
그때 나는 구석에 박힌 돌처럼 아무것도 아니었다.

열심히들 오르며 더 오르기를 연습할 때
나는 이미 내려가 있었다.
빈들에 걸어둔 소명이라는 멍에 차마 벗어버리지 못했다.
그때 나는 허물어져가는 논두렁에 비스듬히 서 있는 말뚝
처럼 아무것도 아니었다.
금성을 다녀온 이들이 모은 것을 전리품처럼 꺼내놓으며

자랑할 때
화성에 있던 내 주머니는 비어 있었고
그것이 자랑이라
스스로 독하게 위로했지만
모르는 바닷가에 떠밀려와 반쯤 묻혀있는 빈껍데기처럼
나는 아무것도 아니었다.

예수를 따르고 바울처럼 사는 것이 흉내조차 쉽지 않아
때로는 좌절하고 분노했지만
재개발 지구 가장자리에 나부끼는 빛바랜 깃발처럼
나는 아무것도 아니었다.

아직도 흔들리며 다시 길을 물어야 하는 나를 보니
정말로 나는 아무것도 아니었나 보다.

길이 끝나는 날
더 이상 빈손이 시리지 않겠지만
그날에도 나는 정말 아무것도 아닐 것이다.
그래도 나는 정말 괜찮다.

그러나 나의 주인이시여!
성전 휘장 찢어져 어둠이 벗겨지고
빈손으로도 가릴 수 없는 것들이 드러날 때

당신마저 없으면 나는 아무것도 아닙니다.

무제(無題)

"수고하고 무거운 짐 진 자들아 다 내게로 오라"
남을 부르는 초대인 줄만 알았다.
미련하게도 나는 나를 짊어지고 여태 왔다.
더는 못 가겠다.

애타게 문 두드리는 소리 매일 듣고도
옆집 문 두드리는 소리로만 들었다.
나의 문이 닫힌 줄은 모르고
주리고 목마름에 떠도는 비렁뱅이처럼 살았다.

이제는 또렷이 듣는다.
문 두드리는 그 소리
나를 부르는 소리임을

참을 수 없는 님의 간절함에
아침 햇살이 문 틈으로 쏟아져 들어온다.

매일 새벽이 오는 까닭

나의 간절한 꿈은 다시 태어나는 것 새롭게 되는 것
아무도 가지 않는 깊은 산속에 태초부터 솟아나는 샘이 있어
그 물을 마시고
그 물에 씻으면 새롭게 될 수 있으려나?

무지개 쫓던 뒷동산 묘지 언덕에서
순결과 씨름하던 무심천가에서
소명이라 멍에라 울부짖던 한강 광나루에서
좌절과 방황으로 불면의 밤을 오르내리던 백무동 계곡에서
밤마다 꾸는 꿈이었다.

채워도 채워도 채워지지 않는 목마른 강을 건너
물어도 물어도 대답 없는 산을 넘고 넘어
보고 또 보아도 끝이 보이지 않는 바다를 뒤로
가파른 절벽 길 걸어 여기까지 왔다.
히말라야
어둔 밤이 지나고

갠지스강
다시 찬 새벽을 맞는다.

매일 해가 뜨는 까닭은 무엇일까?

해는 어제의 해
해아래 모든 것도 어제의 것들
그래도 죽었다 살아나듯 다시 뜨는 건
까닭이 있겠지.

태초부터 지금까지
무얼 그토록 말하고 싶어 매일 다시 뜨나?
무얼 그리도 보여주고 싶어서
변함없이 같은 모습 또 보여 주나?

죽음 같은 어둠 뚫고 다시 보여 주는 건
꼭 알아야 할 답이 있다는 것이겠지.

다시 태어남
새로운 시작

나는 오늘 첫 새벽을 맞이할 것이다.
오늘 떠오를 태양이 마지막인 것처럼 보리라.

통곡 소리

그날 통곡소리 들렸다.
장자들을 치시어
바로의 교만을 꺾으시던 밤
그 통곡소리 눌린 자들의 해방을 알리는 나팔소리 되었다.
젖과 꿀이 흐르는 땅으로 이끄는 메아리 되었다.

그날도 통곡소리 들렸다.
베들레헴 마구간에 한 아기가 태어나던 날
수많은 아들들이 영문도 모른 채 검은 칼에 쓰러져 갈 때
어미들의 통곡소리 포로 된 자들의 구원을 알리는
서곡이 되었다.
슬픈 그 소리 기쁜 소식 알리는 비파소리 되어
지금도 뼈아프게 가슴을 울린다.

마지막 그날 갈보리 산
아버지의 심장을 찌르는 통곡소리 울렸다.
피 묻은 은화 30냥
그들의 성소에 던져 버려진 날

엘리 엘리 라마 사박다니

그 외마디 천지를 흔들어
부활의 첫 새벽을 깨우는 지진이 되었다.

지금 그 통곡소리 힌두스탄에 들린다.

수 천 년 숨죽인 천민들의 통곡소리 히말라야 마지막 봉우리
난다데비 울렸다.
그 눈물 만년설을 녹이고 갠지스강 홍수 되어
수천 생명을 삼켰으니 통곡중에 통곡이다.

깨어라!
통곡하는 천민(賤民) 힌두스탄의 백성들이여
이제 재 대신 화관을 쓰자.

일어나라!
깨어나는 천민(天民) 하늘의 백성들이여
통곡 대신 영광의 찬송을 부르자.

+2013년 6월 북인도 우타르칸드의 케다르낫트(Kedarnath) 힌두교사원 주변에서 폭우와
함께 만년설 빙하가 녹아내림으로 홍수와 산사태가 발생하여 5700명 이상의 사람들이 사
망하고 10000명 이상의 사람이 실종되는 재앙이 있었다. 그 당시 사원 주변에 있던 모든
상가와 호텔등 건물들은 파괴되었으나 석조 건물인 사원은 파괴되지 않고 골격이 유지
되었다. 이때 사원의 구루(힌두교 지도자)가 매스컴을 통해 선포하기를 시바신이 진노하
여 심판을 내린 것이고 사원이 보존된 것은 시바신을 더 잘 숭배하라는 뜻이라고 경고하
였다. 이때에 희생된 대부분의 사람들은 전국에서 이 사원에 성지 순례 온 힌두교도들이
었지만 희생된 사람들의 가족들과 백성들은 졸지에 죄인이 되어 제대로 슬퍼하거나 통곡
도 하지 못하고 숨을 죽이고 넘어가야 했다. 그 대신에 전국적으로 즉시 사원 복구를 위
한 모금운동이 시작되었고 넘치는 금덩이와 돈으로 짧은 기간에 사원은 완벽하게 복구
가 되었고 이 사원에 연결된 도로들도 훌륭하게 확장 포장되어 해마다 수 십 만 명의 순
례객들을 맞아들이고 있다.

해진 후

서러움은 해 넘어간 산 등허리이다.
조잘대던 새들은 일찌감치 날개를 접고
사슴이 걸어간 그림자 따라 별이 뜬다.

혼자 걷던 초승달이 멀어져 가고

고단함에 산등허리 무거워지면
열린 사립문으로 지게 지신 아버지가 걸어오신다.

이제 무거운 짐을 내려놓고 쉬소서.
아버지!

돈과 말씀

말씀이 육신 되고
육신이 말씀 되는 것
이것이 선교다.
말씀이 육신 되는 것이 십자가이고
육신이 말씀이 되는 것은 부활이다.

십자가 없이 어찌 부활이 있을 수 있으며
부활 없이 어찌 영광을 꿈꿀 수 있으랴?

고난은 싫고 영광은 탐하니
십자가를 돈으로 지고
부활도 돈으로 산다.

말씀을 돈으로 사서 돈으로 준다.
말씀이 돈이고 돈이 말씀이다.

하여 말씀하시되
"만물이 그로 말미암아 지은 바 되었으니
지은 것이 하나도 그가 없이는 된 것이 없느니라."

이제 그들은 안다.
그가 곧 돈이라는 사실을
그래서 돈이 선교라 믿는다.

오래된 신화이고
깨지지 않는 전설이다.

이 기막힌 윤회의 수레바퀴를 어떻게 멈추랴?
신화가 소멸되는 때 말씀이 보이고
전설이 깨지는 날 주님이 오시리라.

किस रंग के कपड़े पहनें ... आज के दिन का महत्व

राजपुर चुंगी में धर्मांतरण की खबर पर मचा बवाल, हिंदू नेताओं ने धकियाए मसीही समाज के लोग

प्रार्थना सभा में हिंदू नेताओं ने खड़ा किया ब

धर्मांतरण पर धर्मयुद्ध

| रविंद्र संवाददाता

में धर्मांतरण की खबर पर चुप्पचाप का बवाल हो गया। राजपुर चुंगी में चल रही मिशनरी की प्रार्थना में हिंदू नेताओं ने बवाल हर करना...

धर्मांतरण पर बखेड़ा खड़ा होने पर राजपुर चुंगी स्थित अपने घर एवं अनिल जाटव (नीली टी शर्ट में) सफाई देते हुए। • हिन्दुस्तान

धर्मांतरण के मुद्दे पर बुखार रात सदर पर हंगाम काट रहे बजरंगियों को समझाते सीओ सदर

बखेड़ा

• बीमार महिला के लिए विशेष प्रार्थना करने आए थे ईसाई
• शमसाबाद के शरण स्थल से आया था 10 लोगों का दल
• देर रात थाने पर दोनों पक्षों ने दी तहरीर, पुलिस करेगी जांच

राजपुर चुंगी स्थित अनिल के घर से मसीही समाज के लोगों को ले जाती पुलिस।

देकर हिंदुओं का धर्मांतरण कर रहे है। आगरा में भी दिनों ऐसे कई मामले सामने आए हैं। पक्षों के दोनों पक्षों को थाने भेज दिया गया।

सीओ सदर असीम चौधरी ने खुद थाने पर आकर मामला संभाला। उन्होंने दोनों पक्षों की बात सुनी। उसके बाद दोनों पक्षों से तहरीर देने को कहा। यह देख हिंदू नेता भड़क गए।

बड़ी संख्या में पहुंचे ईसाई

समाज के लोगों को पेन लिया गया है। 10 थाने पर है। इस खबर पर बड़ी संख्या में ईसाई समाज के लोग भी सदर थाने पहुंच गए।

प्रार्थना कहने वाला नहीं आया

निस्तारित होंगे पुराने मामले

डा. रामशंक

비겁한 나

성도들이 굴비처럼 엮여서 끌려갔다.
갇혀서 온갖 수모를 당했다.
저들은 나 대신 끌려가 뺨을 맞고 욕을 먹었다.

'나를 잡아가라'고 나서지 못하는 비겁한 내가 싫다.
'나를 때리라'고 뺨을 대 주지 못하고
아닌 척 물러서야 하는 내가 가증스럽다.

아 슬프다.
언제까지 숨어서 살아야 하나?
나는 누구를 위해 뺨을 맞고 끌려갈 것인가?

+우따르쁘라데쉬주의 한 사역지에서 사역자와 성도들이 예배 중에 힌두교요원들과 경찰
에 의하여 경찰서로 끌려가서 폭행을 당하고 수치스런 취조를 당하는 사건이 또 발생하였
다. 신분을 드러낼 수 없는 처지이기에 이렇게 억울한 일을 당해도 나서서 한마디 못하고
숨어 있어야 하는 현실이 답답하고 자신이 비겁하게 느껴진다.

마구간에서 십자가까지

내려갈 곳 없는 마구간에서
내려놓을 것도 없는 벌거숭이로
예수는 시작했다.

예수는 하늘에서도 내려 왔는데
여기 바닥에서 위로 올라가는 것은 반역이라 여겼다.
예수를 사다리 삼아 올라갈 기회가 없었던 것은 아니지만
차마 예수를 밟느니 차라리 밟히며 살았다.

예수는 하늘 영광도 내려놓았는데
예수 이름으로 무엇을 가진다는 것은 도둑질 같았고
예수는 머리 둘 곳도 없이 살았는데
새들보다 좋은 거처 얻는 것이 죄스럽다.

예수는 서른셋 나이에 십자가 졌는데
오십이 넘도록 갈릴리에 떠도는 나는
십자가의 원수 될까 날마다 죽는다.

가네쉬(Ganesha)와 김수로왕,

한강 아래 퇴적층
진흙 묻은 코끼리 금수저 물고 기어 나오다.

갠지스강 썩은 물에 목욕재계하고
목을 잘라 시바의 아들로 입적하니
그 이름 가네쉬.

한손에 학업성취
또 한손에 사업 번창

그것도 모자라 손 두개 덧붙이니
쌓이는 금덩이로 바벨탑 높아가고
치솟는 명성으로 배가 부르다.

금십자가 지상낙원
자자손손 세습이라.

오호 통재라!
신화속 가네쉬가 허황옥의 나룻배 얻어 타고 건너와

한강의 기적으로 잉태되어
특별새벽 치성에 아바타르(힌두교신의 성육신)했으니
김수로왕 가문에 하나뿐인 아들이로다.
가네쉬의 아바타요
현대판 카스트제도라.

---

*가네쉬(Ganesha)
힌두교 주요 신중의 하나인 가네쉬는 남자의 몸에 네 개의 팔을 가졌으며 머리는 코끼리
형상으로 여러 마리의 쥐를 타고 다니며 학업과 사업의 성공. 행운을 관장하는 신으로 숭
배된다. 가네쉬가 생겨난 신화는 이러하다. 파괴의 신 시바(Shiva)의 아내가 목욕하고 있는
것을 아들이 밖에서 지키고 있을 때 시바가 들어가려고 하자 못 들어가게 막았다. 이에 화
가 난 시바는 아들의 목을 잘라 버린다. 아내가 보고 슬퍼하자 코끼리의 목을 잘라 그 머
리를 아들에게 붙여 주었는데 그가 가네쉬가 된 것이다. 인도에서 가네쉬는 재물과 번영
을 물려주는 신으로 인기가 많다.

*김수로왕과 허황옥의 설화
가락국의 시조인 김수로왕이 아유타국(인도의 UP주 아요다지역)에서 배를 타고 온 공주
허황옥과 결혼하는 내용이 담긴 설화인데 김수로왕과 허왕후는 가락국의 수도인 김해로
환궁해서 10명의 아들을 놓고 평생을 해로하며 가락국을 태평성대로 이끌었다는 이야기
이다. 이 설화를 근거로 오늘날 인도와 한국간의 문화교류가 이루어지기도 한다. 그러나
사라져야할 카스트제도의 부와 신분의 세습이라는 악습까지 재현되는 것 같아 안타깝다.

말 다시 배우기

어둡고 공허했다.
너와 말을 할 수 없을 때
너의 말을 들을 수 없어서
두렵고 외로웠다.

나는 알았다.
말이 없으면 너는 너이고 나는 나일뿐이다.

내가 너의 언어를 말하기 시작한날
너는 나에게 가까이 왔다.
그리고 말했다.
외국인이 말을 참 잘한다고.

이제 말은 막힘이 없는데
너는 오히려 멀어 보인다.

말을 하면 할수록
더 공허하고 더 외로워지는 것은 왜 일까?
하루 종일 땀을 쏟으며 말을 하지만
가뭄 바가지 긁는 소리에 흙탕물만 인다.
다시 생수가 고일 때까지 말을 그쳐야 한다.

유창화려한 말에 삶이 없으면
어둠과 혼돈은 깊어진다.

다시 말을 배워야 한다.

홈런과 아웃

작은 마을 아이들이 좁은 마당에서 크리켓 놀이를 한다.
울타리가 있고 울타리 너머 까마득한 비탈길이다.
울타리를 넘기면 홈런이지만
아이들 마당에서는 아니다
울타리를 넘기면 아웃이다.

홈런을 칠 수 있지만 치지 않는 것
이것이 함께 노는 재미이고
같이 오래갈 수 있는 지혜이다.

이 좁은 마당에서
모두 홈런 치고 싶어 안달이다.
볼 찾으러 다니다 볼 장 다 본다.

친구를 보내며

너는 항상 웃었다.
누구에게라도 하늘의 기쁨을 보여 주었다.

너는 항상 강했다.
사랑과 정의를 위해 굽히지 않는 믿음을 보여 주었다.

너는 항상 깨어 있었다.
기름과 등불을 들고서 다시 오실 신랑의 길을 지키고 있었다.

늘 그러던 네가
그 검은 밤 검은 복면 검은 총탄에 하얀 국화처럼
쓰러졌구나.

친구야 미안하다.
네가 쓰러져간 그 자리에는
본래 내가 서 있어야 했다.
내가 숨는 바람에 네가 쓰러졌구나.

너는 그렇게 나대신 피 흘렸건만

나는 너를 위해 할 수 있는 일이 없구나.
너를 보내는 아픔보다
너를 위해 아무것도 할 수 없다는 사실이
더 아프구나.

[독백]
하여 친구야
더는 미안 해 하지 않겠다.
이제는 피하지 않고 숨지 않으련다.
그리스도께서 그 잔을 피하지 않으신 것처럼

그렇다 친구야
이제는 아파하지 않으련다.
나의 손과 발에 못 박히는
망치소리 들려올 때까지.

+2017년 7월 15일 토요일 저녁에 한 사역지에서 동역자가 오토바이를 타고 나타난 두 명
의 괴한에 의하여 피살되었다. 괴한들이 권총 세발을 쏘고 만세를 부르며 사라지는 모습이
감시 카메라에 녹화되어 있지만 범인들은 잡히지 않고 있다. 오히려 교회와 성도들을 향한
감시와 핍박이 점점 심해지고 있다. 이러한 때에 나는 나서서 수사를 촉구하고 대책을 세워
야 함에도 오히려 반대로 뒤로 물러나 사고가 일어난 지역으로부터 한동안 피해 있어야 했
다. 외국인 선교사에 의한 선교 자체가 불법인 선교지에서 현지인 사역자는 총에 맞아 죽
어 가는데 선교사는 신분을 드러낼 수 없다는 보안상의 이유로 숨어있어야 하는 현실 때문
에 심한 자괴감과 정체성 혼란으로 인한 갈등을 겪어야 했다. 나는 안전하게 피해 있으면서
누구에게 복음을 위해 예수를 위해 목숨을 버리자고 말할 수 있을까? 또한 그렇게 말을 한
다고 해도 그 말이 얼마나 힘이 있을까? 자신이 없다. 추방을 각오하고 전면에 나서야 하는
가? 아니면 신분을 위장하고 가능한 범위 안에서 가능한 사역들을 계속해야 하는가? 여전
히 쉽게 풀리지 않는 문제이다.

모래시계

더 내려가야 한다.
뿌리가 박히도록

모두 비워야 한다.
속이 차도록

아주 잊혀 져야 한다.
영원히 기억될 때 까지.

+선교사는 모래시계와 같다.
내려가지 않고는 현장에 뿌리를 내릴 수 없고 비우지 않고는 채워줄 수 없다.
자신이 사람들로부터 잊혀지는 것을 두려워해서는 아무것도 할 수 없다.
나를 지워야 한다. 내가 아닌 그리스도만 기억되도록.
그러기 위해 죽고 또 죽어 날마다 죽어야 한다.
그리스도의 형상이 이루어지기 까지.

지참금과 유산

지역별로 사역자 부부를 위한 치유모임을 진행 중이다.

이번 주에는 U.P지역 사역자 7가정 부부를 초청하였다. 부부갈등, 자녀교육 문제와 특별히 심각한 사역자 부인들의 문제를 다루고 있다.

사역자 아내들은 이중 삼중의 차별로 고통을 겪고 있다. 카스트로 인한 사회적 차별과 동시에 이싸이(크리스찬을 부르는 힌디어)라고 따돌림을 당하고 그리고 일반적으로 가부장제적인 인도 사회의 전반적인 관습에 의하여 차별을 당한다.

인도사회에는 아직도 지참금 관습이 존재한다. 여성이 결혼을 하려면 현금이나 금, 보석 등 막대한 예물을 지참금으로 가져가야 한다.

지참금 관습이 생겨난 배경은 여성들에게 상속권이 없던 시대로 거슬러 올라간다. 딸들에게는 재산상속 대신에 결혼 할 때에 예물을 해주는 전통이 있었다. 이러한 전통은 여성들을 하나의 재산으로 여기는 근거가 되고 말았다. 결혼을 앞두고 있는 신랑 신부 양측의 최고의 관심사는 신부 지참금이다. 딸을 가진 집에서는 지참금을 얼마를 해 주어야 하고 실제로 어느 정도 할 수 있는지가 큰 근심거리이다. 딸을 하나 시집보내면 기둥이 하나 뽑힌다는 말을 공공연히 한다.

신랑측 가정에서는 미리 지참금이 어느 정도는 되어야 한다고 신부 측에 언질을 주거나 강요하기도 한다. 그리고 가져온 지참금이 적다고 여겨지거나 마음에 들지 않으면 두고두고 구박할 구실로 삼는다. 이러한 구박과 가정폭력을 견디지 못하여 가출을 하거나 심지어 자살 하는 사건이 종종 벌어지기도 한다.

여성상속권이 법적으로 어느 정도 보장된 1956년 이후에도 지참금관습은 사라지지 않고 여전히 지켜지고 있다. 심지어 이러한 문제를 해결하기 위하여 지참금 금지법을 제정하기도 하였지만 근절되지 않고 선물이라는 이름으로 지속되고 있다. 이렇다 보니 딸을 낳으면 재산상의 피해를 당하게 되고 불행하게 된다는 의식이 깔려 있어 가능하면 딸을 낳지 않으려는 사회적 분위기가 팽배하다. 이러한 사회적 분위기속에 태아의 남녀 식별과 불법낙태 등 불법의료행위가 암암리에 성행하고 있다. 따라서 인도의 남녀 성비율의 불균형은 심각한 사회적 문제이다.

힌두교의 가정법과 전통 그리고 성경에서 말씀하는 기독교 가정간의 괴리로 인하여 많은 사역자 부부들이 갈등을 겪고 있다.

모임을 통해 사역자 부부들에게 강조하는 것은 이것이다.

"아내의 믿음이 최고로 값비싼 지참금이고 하나님께서 가정에 주신 자녀들이 최대의 귀한 유산이다." 그러니 "건강한 부부관계가 최고의 부자가 되는 것이고 자녀들을 예수 그리

스도의 제자로 양육하는 것이 가장 큰 유산을 물려주는 것이니 이것이 사역의 제일 중요한 목표이고 가치가 되어야 한다."

이렇게 가르치지만 가정으로 돌아가면 가난한 성도들을 섬기면서 하루하루 먹을 양식(로띠)과 자녀들 학비를 위하여 노심초사 기도해야 하는 제자 사역자들이 마음에 걸린다.

가난을 불평하지 않고 차별을 당하면서도 꿋꿋하게 건강한 동역자로 서가는 사역자 사모들의 모습이 대견하고 아름답다.

2013년 4월 20일

더 이상 종교의 자유를 탄압하지 말라!

아그라에 있는 제자들과 성도들이 모여 외쳤다.

오랫동안 숱한 차별과 모진 박해를 받으면서도 잠잠하며 침묵에 익숙해진 제자들과 성도들이 어제 12월 30일 한자리에 모여서 기도회를 가졌다. 기도회 후에는 손 팻말과 플래카드를 써서 들고 일어나 세상을 향해 함께 외친 것이다.

그동안 인도에서 소수인 기독교인들은 내가 그리스도인이라고 떳떳하게 드러내지 못했고 자신들의 목소리를 내지도 못했다. 힌두교 정권이 들어서고 힌두교내 원리주의 과격단체들이 중심이 되어 개종금지법을 빌미로 홈커밍 프로젝트라는 힌두교로의 역개종 운동을 전개하며 교회와 성도들을 감시하고 핍박하는 일들이 벌어지자 사태의 심각성과 위기감을 느끼고 지난 10월부터는 제자들과 함께 밤새워 가며 철야기도회를 진행하고 있었다.

그러다가 지난 성탄절을 전후로 바지랑달이라는 힌두교단체 행동요원들이 제자들의 교회와 사역지에 찾아와서 성탄절예배를 방해하기도 하고 강제로 두 곳의 교회 문을 닫게 하는 사건이 발생 하였다.

그동안 철야기도회를 진행하면서 성령의 능력으로 용기를 갖게 된 제자들은 드디어 자신들의 모습을 드러내면서 자신들이 예수 그리스도의 제자임을 대외적으로 선포하고 자신들의 신앙 고백적 목소리를 외칠 수 있게 된 것이다. "정치적 목적으로 종교를 탄압하지 말라!"

지역 언론들은 놀라워하며 교회와 제자들을 주목하기 시작하였다. 실로 역사적인 사건이 아닐 수 없다.

오늘의 이 작은 외침이 여리고성을 무너뜨린 함성처럼 되어 잠자는 인도 교회를 깨우고 나아가 신앙의 자유를 억압하는 장벽을 무너뜨리는 새로운 역사의 출발이 될 뿐만 아니라 제자들 스스로도 더욱 확신과 자신감을 가지고 담대하게 사역을 하게 되는 전환점이 되기를 바란다.

또한 자신들의 모습을 대외적으로 드러낸 제자들에게 이제는 더 노골적으로 닥쳐 올 회유와 핍박을 감당해 낼 수 있는 지혜와 능력을 하나님께서 주시기를 간절히 기도한다.

2014년 12월 31일

인도 땅에도 봄은 오는가?

큰 축제인 홀리가 지나고 히말라야의 빙하 녹은 물이 흘러 내려 인도 땅을 적시고 있다.

히말라야 산맥이 위치한 최북단을 제외한 인도 대륙은 아열대 지역이라 겨울이라고 해도 기온이 영하로 내려가거나 눈이 내리는 일은 없다.

그래도 지난 겨울은 유난히 쌀쌀했다. 힌두교 극단주의자들이 기독교인들을 힌두교로 강제 개종시키는 집단 역개종의 광풍을 일으키는 바람에 더욱 차갑게 느껴졌는지도 모른다.

지난 12월 성탄절에 아그라의 란짓싱이라는 제자가 섬기는 가정교회가 저들에 의해 강제로 문을 닫아야 했다. 그래서 다른 성도 가정으로 몰래 옮겨가 모이는 중이다.

짠드가 섬기는 가정교회의 건물 주인이 은행원인데 은행 간부들을 통해 교회를 닫지 않으면 은행 일을 계속할 수 없을 것이라고 협박을 하고 있어 새로운 예배처소를 찾아서 옮겨가야 한다.

교회건물을 가지고 있는 새땅교회에도 저들의 행동대원들이 수시로 찾아와서 여기에 왜 교회를 세웠느냐고 훼방을 놓고 가기도 하고 성도들 가정까지 찾아가서 끈질기게 회유를 한다. 회유를 하다가 듣지 않으면 칼을 들이대며 네 손목을 자르겠다고 협박을 한다. 피를 흘려서 너의 피가 우리 피와 다른 것을 확인해 주겠다며 겁박한다. 즉 자신들이 우리 성도들 보다 높은 카스트(신분)라는 점을 이용해서 협박을 가하는 것이다.

이러한 상황을 겪으면서 그동안 나의 행적의 많은 부분이 저들에게 노출되었고 파악이 되었다는 것을 확인할 수가 있었다. 사역지 주변의 이웃들을 통해 내가 나타나면 신고하라는 지시를 받았다는 사실을 알게 된 것이다. 그래서 몇몇 사역지는 12월 이후 들어가지 못하고 있다. 그리고 어떤 사역지에는 낮 시간을 피하여 밤에 몰래 들어갔다가 와야 한다. 그리고 안전한 제3의 장소에 모여서 제자 훈련과 기도회를 진행하고 있다.

이제는 물러설 수 없는 영적 전투의 한 복판에 들어와 서 있음을 실감한다. 감시당하고 미행당하는 것이 느껴지기에 늘 신경이 날카롭게 곤두선다. 이러다가 추방당하는 것은 아닐까 하는 생각에 불안하기도 하다.

수시로 찾아와 힌두교로 개종하라고 협박하는 힌두교 극단주의자들의 핍박과 유혹을 버티며 하루하루 살아가는 성도들이 안쓰러워 잠을 설치는 날이 많다. 한 사람이라도 저들의 협박과 유혹에 넘어갈까봐 몰래 찾아가 만나고 때로는 함께 모여서 온 밤을 새우며 기도하지 않으면 시간을 보내기가 힘들다.

이러한 상황 속에서 제자들 교회의 청소년과 청년들에게 용기를 주고 믿음을 확고하게 붙잡아 주기 위하여 청소년 연합 집회를 실시하였다.

불안해 하며 신앙 생활 하던 젊은이들이 함께 모여서 마음껏 찬양하고 부르짖어 기도하는 가운데 성령의 역사를 체험하였다.

지난주 금요일 홀리(Holi) 명절(축제)이 지났다.

이렇게 홀리를 치루면서 잡동사니와 쓰레기를 불태우고 집안을 청소하고 목욕을 하면서 봄을 맞이하게 된다.

말이 봄이지 사실은 본격적으로 무더운 여름이 시작되는 것이다.
정말로 인도에도 진정한 봄이 왔으면 좋겠다.

2015년 3월 11일

지금 할 수 있는 일이 아무것도 없다

지난 5월 10일 부터 한 주간 48도의 더위 속에 라자스탄주에 있는 신디족 가정교회를 방문하고 돌아온 이후 열흘째 본의 아니게 방 안에만 갇혀 지내고 있다. 다녀와서 계속 몸 상태가 좋지 않다. 기운이 없고 속에서 무거운 통증과 열이 올라와 몸을 무겁게 짓누르고 있기 때문이다. 여름이면 한 두 차례씩 겪는 익숙한 증세이다.

실내온도가 체온보다 높아지면 몸이 비상사태가 된다. 몸이 스스로를 지키기 위하여 있는 힘을 다해 더위와 전투를 한다. 땀과 함께 진액이 다 빠져나가는 느낌이다.

오후 2시 현재, 연일 46도를 웃도는 지독한 폭염과 뜨거운 바람으로 인도에서 총 2000명이 사망했다는 보도가 나오고 있다.

계속되는 가뭄으로 물이 부족하고 전기가 장시간 자주 끊어지는 바람에 희생자 수가 늘어 가고 있다. 그러나 당국에서 하는 일은 낮에 밖으로 다니지 말고 물을 많이 마시라는 방송을 내보내는 것이 전부이다.

이렇게 며칠을 집에서만 지내다 보니 여러 가지 생각이 든다. 마치 외딴 섬에 홀로 유배당한 기분이다.

할 수 있는 일이 아무것도 없다는 생각에 무력감에 빠지기도 한다. 내가 지금 여기서 귀중한 시간을 이렇게 무기력하게 허비해도 되는가? 인생을 낭비하고 있는 것은 아닐까? 잘못 살고 있는 것은 아닌가?

이렇게 살아가는 나 자신이 내가 아닌 것 같고 적응이 안 되어 나 자신의 정체성을 추스르느라고 이리저리 끙끙대야 한다. 지금 나는 할 수 있는 일이 아무것도 없다. 그러기에 기도하고 생각하고 또 기도한다.

요즘 여기서 나에게는 밤과 낮이 의미가 없다.

밤이고 낮이고 깨어 있으면 기도하고 밤이든 낮이든 너무 덥고 피곤하여 몸이 지쳐서 잠이 들면 곧 밤이다. 이것 밖에는 정말로 할 수 있는 일이 없다.

이미 익숙해진 고독이지만 이 지독한 여름엔 그 고독의 농도가 더욱 진해진다.

2015년 5월 30일

아프게 탄생한 영성훈련 교재

제자훈련교재 1권과 2권에 이어 사역훈련과 영성훈련 힌디어 교재를 만들어 출간하였다. 유난히도 무더웠던 지난 여름 동안에 더위와 씨름하며 교재를 만들게 된 것이다.

제자훈련교재를 만들어본 경험을 바탕으로 더욱 선교현장에 적합하고 유익한 교재를 만들기 위해 열심히 자료를 모아 연구를 하고 그 결과물들을 일일이 손으로 쓰고 정리하여 출판사에 넘겼다.

몇 차례의 교정 작업도 완벽하게 끝내고 워낙 일을 느릿느릿 처리하는 이들의 습성을 알기에 시간적 여유를 두고 미리 원고를 보냈다.

서두르고 재촉하였음에도 불구하고 사용해야 하는 바로 전날이 되어서야 겨우 교재를 받게 되었는데, 펴 보고서 그만 충격을 받고 말았다.

교정을 해서 보내준 부분들은 수정을 하지도 않았고 더 큰 문제는 출판사측에서 종이 값을 아끼기 위해서 임의로 페이지 수를 무리하게 줄이는 바람에 글자가 깨지고 줄과 행의 배열이 흐트러져서 인쇄가 된 것이다.

출판사 주인에게 문제를 이야기했더니 작업을 한 직원하고 해결하라고 하면서 직원에게 책임을 미루고는 어떤 답도 주지 않는다.

　너무 속이 상한다. 한여름 무더위와 싸우며 그야말로 해산의 수고를 거쳐 정성껏 만든 교재이건만 처다보기도 싫다. 그러나 어쩌겠는가? 교재를 일일이 손으로 수정해 가며 사용하는 수 밖에…

　완벽한 교재를 만들어 보려고 했던 나의 욕심이 지나쳤다고 스스로를 달래본다. 그리고 교정되지 않은 이 교재를 통해 하나님께서 원하시는 모습으로 더 철저하게 변화되지 못하고 여전히 모순투성이로 허물을 지닌 채 이 땅을 살아가는 불완전한 나의 모습을 보는 것 같아 찔린다.

　더 겸손하고자 오늘도 십자가의 주님을 바라본다.

2015년 6월 10일

[영성훈련 교재]

불가촉천민 가족의 죽음

　뉴델리 외곽 도시인 파리다바드라는 곳에서 불가촉천민 (Untouchable)의 집에 높은 카스트의 사람들이 휘발유를 붓고 불을 질러서 잠자고 있던 어린 두 자녀가 죽고 부모는 중화상을 입는 끔찍한 사건이 지난 10월 20일 새벽에 벌어졌다.

　밝혀진 방화 살인의 동기는 불가촉천민에 대한 시기와 증오심이었다. 불가촉천민 부부가 열심히 일을 하여 작은 집을 짓게 되었고 경제적으로도 독립하게 되었다. 전에는 천민들이 상류카스트 사람들을 주인처럼 여기고 절대적으로 복종하였는데 경제적으로 형편이 나아지면서 이전처럼 무조건 말을 듣지 않았다는 것이다. 이것에 대하여 앙심을 품고 복수를 한 것이다.

　이 사건은 그냥 어쩌다 발생한 우발적인 범죄가 아니라 인도 내에서 카스트제도로 인한 사회적 갈등이 얼마나 심각한지를 보여주는 사건이다.

　카스트제도의 존속 여부에 대하여는 영국으로부터의 해방 전후부터 주요 논쟁거리였다. 대표적인 것이 마하트마 간디와 암베드카르와의 논쟁이다. 간디는 카스트제도를 존속 시키면서 불가촉천민을 보호하기 위한 조치들을 해야 한다고 주장했고 암베드카르는 카스트제도 자체를 완전히 철폐해야 한다고 주장하며 갈등을 겪었다.

결국 카스트제도는 불가촉천민에 대한 보호조치를 규정하는 새로운 법령이 만들어 지면서 겉으로는 폐지된 것처럼 보이지만 불가촉천민에 대한 호칭이 바뀐 것일 뿐 불가촉천민을 비롯한 하위 카스트들에 대한 차별과 핍박은 여전히 존재한다. 이번에 발생한 방화 살인 사건은 이것을 단면적으로 보여준 빙산의 일각일 뿐이다. 2014년 힌두교 정권이 집권한 이후 이렇게 하위 카스트들을 대상으로 한 상층 카스트 사람들의 범죄가 68.6% 급증하였다는 경찰 통계가 보도 되었다.

심각한 문제는 힌두교원리주의 단체인 RSS(알에스에스)를 모체로 하는 힌두교정권이 집권하면서 힌두교의 전통과 가치를 회복하고 강화시킨다는 명분으로 불가촉천민들을 학대하고 이들에게 주어지던 최소한의 혜택마저도 빼앗으려는 중간 이상 상류 카스트의 집단 폭력이 정권의 비호 아래 발생하고 있다. 이들은 유사 이래 카스트제도를 통해 확보되어 한 번도 빼앗겨 본 적이 없는 기득권을 완벽하게 보호하기 위해서 법을 주무르기도 하고 유리한 법률들을 설치하기도 한다.

소고기 금지법을 신설하여 소고기 먹는 이슬람교도들을 탄압하고 개종금지법과 힌두교 가정법 등을 통하여 기독교인들을 핍박하고 선교를 원천적으로 차단하고 있다.

힌두교 왕국을 건설하여 제정일치 사회를 완성하는 것이 저들이 숨기지 않고 공공연히 선언하는 통치 목표이다.

이러한 상황에서 저들의 목적 즉 힌두교 신들의 영광과 상류 카스트들의 영원한 왕국을 위해 얼마나 많은 천민들이 이유 없이 희생되어야 하며 얼마나 많은 이슬람교도들이 소고기를 먹었다는 이유로 돌에 맞아 죽어야 하고 또한 우리 성도들은 개종을 했다는 이유로 또 어떠한 핍박을 받으며 살아야 할지 알 수 없다.

이 땅에 새벽이 오기 전 마지막 캄캄함 같다.

2015년 10월 23일

새날

신새벽 해 뜨는 히말라야 이마처럼 황금빛 충만하다.
이제 어떤 장식도 구차하다.
성령의 검 말씀의 칼이면 된다.
그 어떤 두려움도 주저함도 이젠 없다.

06

결심

이른 아침 부리나케 깨어 일어나
이리 저리 일을 쫓아 뛰어 다녔다.

땅거미 내리는 듯하더니
산은 벌써 주섬주섬 노을을 담는다.
한 겹 두 겹 세 겹
완전히 어둠에 잠겨 보이지 않을 때까지

해 한번 보지 못했다.
그 빛 속에 살았건만
나의 얼굴은 환하지 못했다.
그 따스함 속에 있었건만
나의 마음은 따뜻하지 못했다.

이제 온통 어두움뿐이다.

어두움은 서러움이다.
빛 속에서도
빛을 보지 못한 억울함이다.

어둠은 허전함이다.
용서받고도
용서하지 못한 미안함이다.

어둠은 이제 상처이다.
사랑 속에서도
더 사랑하지 못한
아픔이다.

캄캄한 바다에 홀로 서서
밤새워 눈물을 흘린다.

내일은 해가 뜨거든
먼저 해를 보리라.

가지 않은 길

20대 청춘 때 목숨을 걸고 삶을 태웠다.
앞뒤 좌우 보지 않고 최대한 멀리 가 버렸다.
돌아올 수 없을 만큼 아주 멀리.

30대 한 가정의 가장이 되어서는 만일의 경우를 위해서
적당한 안전거리를 두어야 하는데
오히려 귀를 막고 눈을 가리고 달리다 안전거리 유지에 실패
하고 말았다.

40대 마지막 선택의 갈림길에 섰을 때 이젠 돌이킬 수 없다
여기고 백미러를 접어 버렸다.
남은 선택은 가던 길을 더 빠르게 목적지로 가는 것
20대 보다 더 독한 열정으로 40대를 관통했다.

50대 고지를 넘느라 마지막 남은 힘을 다 쏟았다.
한해 두해 고비를 넘기다 어느덧 50대 중반을 맞는다.

이제야 앞뒤를 보고 좌우를 살핀다.
진짜 멀리 와 버렸다.
아무도 보이지 않는다.

이제 힘이 부친다.
외롭다.

더 늦기 전에
다시 한 번 결단을 해야 한다.
마지막 남은 힘으로 어디까지 갈 수 있는지?

마지못해 타협하며 가지는 말자.
살아온 날들에 기대어 억지로 살지도 말자.
여태 가지 않은 길 이제 가는 일은 없어야 한다.

결국
가던 길을 계속 가야하나?
이 길의 끝은 어디인가?

오! 나의 주인이시여!
당신이 아십니다.

홈커밍(Homecoming)

"힌두스탄(인도)에서 태어난 사람은 본래부터 힌두교도이니 힌두교로 돌아와야 한다."고 난리다.

강제로 끌어다 자신들의 신 앞에 무릎을 꿇린다.
성경을 불태우고
새겨진 십자가는 지우게 한다.

겁에 질려 흔들리는 눈들에게 말한다.
"힌두스탄에서 태어난 사람은 본래부터 힌두교도이다" 맞는 말이다. 그러나 "힌두스탄에서 태어난 사람도 힌두교도이기 전에 하나님의 자녀이다. 그러니 하나님께로 돌아와야 한다."

힌두교인도 이슬람교인도 시크교인도 자이나교인도 기독교인도 모두 같은 하나님의 자녀들이니 하나님의 집으로 돌아와야 한다.
거기서 하나가 되어 평화를 이뤄야 한다.

---

*홈커밍 프로젝트(Homecoming project)
힌두교 원리주의 단체들에 의하여 추진되고 있는 집단 역 개종 운동이다.
"힌두스탄(Hindustan: 인도)에서 태어난 모든 사람은 본래 힌두교도였으니 모두 힌두교로 다시 돌아오도록 해야 한다."며 타종교인 들을 여러 가지 수단과 방법을 동원해서 강제로 집단 역 개종 시키면서 동시에 힌두교의 전통문화와 관습 그리고 카스트제도 등을 복원하고 강화 하려는 운동이다. 이로 인하여 타종교인 들에 대한 핍박과 카스트가 낮은 계층사람들을 대상으로 한 범죄가 증가하고 있다.

마지막 꿈 1

와불

신라시대 억눌린 천민들 미래의 꿈을 담아 미륵불을 만들었다.
일으키다 실패하여 와불이 되었다.
와불을 보며 혁명을 꿈꾸었다.
누운 부처 일어서는 날 천민은 해방되고 미륵세상이 오리라.

골품제도 지긋지긋 김헌창의 난
망이 망소이의 난 그리고 만적의 난에도 와불은 꿈쩍도 않았다.
삼정 부패에 맞서 일어난 홍경래의 난
갑오년 동학농민 거센 죽창 바람에 파랑새가 목에 피가 나도록
울었건만 와불은 눈물도 흘리지 않았다.
지척 광주에서 수많은 시민들이 피 흘리며 쓰러져 갈 때
와불은 죽은 듯이 누워만 있었다.
급기야 촛불이 들불 되어 전국을 태웠지만
와불은 여전히 그 자리에 오늘도 편안히 누워만 있다.

이제,
혁명의 꿈은 사라지고 천민자본주의 변두리에 버젓이 누워
버짐처럼 검게 번진 마른 이끼도 부끄러워 않고
호객을 하는 구나.

+와불
전남 화순의 운주사에는 두 미륵불(와불)이 나란히 누워있다. 미륵불은 석가모니가 미래
에 이 땅에 내려와 수많은 중생들을 구원한다는 부처이다. 운주사의 와불은 자연 암반에
조각을 한 뒤 일으켜 세우려다 실패한 것이라고 알려져 있다. 이 땅의 억눌린 백성들은 미
륵신앙을 담아 누워있는 부처가 일어나는 날 새로운 세상이 온다는 전설을 만들어내었다.

마지막 꿈 2

바비쉐 배드리(Bhavishya Badri)

옛날 옛날 그 어느 날 산이 솟던 날
히말라야 산맥 난다데비 가는 길목
산허리에 돌 하나 박혔다.

갠지스강 시작되는 곳에 살던 백성들
어느 날 부터인가 편을 나누고 상하를 가르더니
신의 뜻이라 못을 박고 둑을 쌓았다.

조상대대로 태어나면서 천민이라.
이 세상에 태어난 게 죄라.

죄의 업보를 씻느라 갠지스강에 몸을 담근다.
아무리 씻어도 천민은 천민이라.
눈을 들어 산을 보니
산허리에 박힌 돌이 자라고 있더라.

저 돌이 자라 일어서는 날쯤이면
새 세상 오겠지.
간절한 바람은 믿음이 되고 종교가 되었다.

이 착한 백성들 앞에 저 돌은 언제 설 것인가?

난다데비 히말라야 저 너머 주님 오시는 날
그 날이 오면
저 돌도 일어나 주를 맞이하겠지.

그 날에 이 백성들 저 돌 뽑아 비석 하나 세우려나.
"마라나타!"

+바비쉐 배드리 (Bhavishya Badri)
난다데비(7816m) 북인도 히말라야의 고봉으로 들어가는 길목 힌두교 성지가 밀집된 지역 외곽에 위치한 힌두교 사원 이름이다. 이 사원에는 암벽에 돌출된 돌이 점점 자란다는 전설이 있다. 이 돌이 완전히 자라서 일어서는 날 새로운 세상이 올 것이고 자신들은 최고 영광스런 신분으로 바뀔 것이며 이 사원은 미래 최고의 사원이 될 것이라고 믿고 있다.

한마디

말을 멈춰야 한다.
꽹과리 소리 그치도록.

구멍을 메워야 한다.
꽉 메워 버려야 한다.
다시는 쓴물이 나오지 못하도록.

숯불로 지져야 한다.
거짓으로 두꺼워 지고
굴뚝처럼 검어진 입술을.

탁류에 청산유수 아니면 어떠하랴
가뭄에 갈라진 논배미 참 샘에서
목마른 광야 오아시스에서
신 새벽 샛별처럼 반짝이는 한줄기면 족하다.

샛별이 솟기까지
모래를 긁어내고
진흙을 걷어내어
깊어지고 맑아져
새벽을 깨우는
한마디이고 싶다.

제자들을 보내며

바지랑달의 회유와 핍박이 기다리는 곳으로 제자들을 보냄이
양을 이리떼 가운데로 보내는 것 같아 안쓰럽다.

지혜롭고 순결하게 복음을 전하며 살아남을 수 있을까?
가족들 양식은 먹일 수 있을까?
자녀들 학비 걱정에 기도는 할 수 있을까?
몸은 죽여도 영혼은 죽이지 못하는 자들을 두려워하지 말라고
힘주어 손 잡고 당부 하지만 그것이 무엇을 뜻하는지 알기에
사실 나는 두렵다.

주일 예배 중에 끌려가 뺨을 맞고
토요일 저녁 어둠속에서 총 맞아 쓰러지는 것을 보았기에
힘주어 손을 잡는 저들의 등을 떠 밀지는 못하겠다.

예수님은 도대체 어쩌시려고 저들을 그냥 가라 하시는가?
뭐라도 있는 듯이 힘차게 손을 흔들지만
대책 없이 돌아서는 나의 빈손은 미안하다.
쓸쓸하고 허전하여 그 손을 모은다.

---

*바지랑달(Bajrang Dal)
힌두교 원리주의 극우 단체인 VHP의 청년전위조직으로 힌두교 문화와 전통을 수호한다
는 명분하에 힌두교사원과 길거리 소를 보호하는 자원봉사 경찰을 자처하기도 하며 기독
교를 비롯하여 타종교를 감시 핍박하는 과격단체이다.

험한 길 지나서

험한 길 지나왔다.
돌아보니 아찔하다.
어떻게 왔는지
그래도 왔다.

돌아갈 길 생각하니 까마득하다.
어떻게 갈 수 있을지
그래도 가야지.

은혜로 왔으니 은혜로 가리라.

돌아가리라

돌아가리라
꼭 돌아가리라
내 아버지 집에.

점심바위 밭에 홍시가 익어갈 때
어머니 흰 저고리 입으시고
기다리시는 집으로.

타향살이 살다 살다
영혼을 육신의 종으로 부린 적도 있지만
멀리는 안 갔으니,

내일은 오늘을 후회하지 않도록
지금 돌아가리라.

저 멀리 열린 문 보이니
한 손에 청사초롱
또 한손에 기름 채워
돌아가리라.

교회를 위하여

당신은 나의 어머니입니다.
나의 허물을 가려주셨고
힘들어 지칠 때마다 안아 주셨습니다.

당신은 나의 형제입니다.
갈 곳 몰라 흔들릴 때
함께 밤을 새워 주었습니다.

당신은 나의 자매입니다.
길을 떠날 때마다
향기로운 기도의 손수건을 챙겨 주셨습니다.

당신은 나의 친구입니다.
모래에 물 빠지듯이 모두 다 사려져 갔지만
언제나 변함없이 여기에 있어 주었습니다.

당신은 나의 스승입니다.
나의 무지함을 깨우쳐 주셨고
길을 비추어 보여 주셨습니다.

당신은 나의 가족입니다.
언제 어떤 모습으로 돌아와도
손을 내밀어 맞아 주셨습니다.

당신은 나의 집입니다.
언제나 문은 열려 있었고
따뜻한 밥이 준비되어 있었습니다.

그래서 당신은 천국의 그림자입니다.
당신의 그늘에서 쉼을 얻고 안식을 얻습니다.
본향을 향하여 나아갈 힘을 얻습니다.

당신은 그리스도의 몸입니다.
당신의 상처가 나를 치유합니다.
당신이 죽음으로 내가 살았습니다.

그리스도여 이제는 제게로 오소서.
오셔서
이 몸을 당신의 교회로 삼으소서.

꿀벌

너는 작지만 네가 하는 일은 작지 않다.
너로 인하여 삭막한 세상에 꽃은 피어나나니.

네가 하는 일은 평범하지만 그 결과는 평범하지 않다.
네가 머물다간 자리마다 열매가 맺히나니.

너는 너를 위해 일한다지만
너를 통해 조물주는 조물주의 일을 행하신다.

향기로운 너의 발길 닿는 곳마다 아름다운 소식은 전해질 것이며
달콤한 너의 입맞춤으로 사랑과 정의와 평화의 열매는
더하여질 것이니.

평범하지만 결코 평범하지 않은 당신
오늘도 당신의 발걸음을 기다리는 꽃들이
있음을 잊지 마시라.

작지만 작지 않은 당신이여
두 날개로 힘차게 날아가시라.

플루메리아(Plumeria)

단순하지만 얄팍하지 않고
순백이지만 고고하지 않아
많은 꽃잎 피우지 않아도 부족하지 않은 너를 좋아했다.

밤 지나 새벽까지 뭇별들과 청청하던 네가
샛별이 되어 사라졌구나.

누런 물 비치는 걸 견딜 수 없어
주름이 잡히기 전 뚝 떨어져
어둠을 사르는 햇살 받아 웃는다.

너 떠난 빈 가지에 향기 가득하다.

_____

*플루메리아(plumeria)
협죽도과에 속하는 꽃 이름이다. 원산지는 중앙아메리카와 폴리네시아 등인데 인도와 아
시아 열대 지역에서도 볼 수 있다. 인도에서는 하얀색을 가진 단아한 모양의 아름다운 꽃
이 핀다. 은은한 향기가 있어 결혼식 장식으로 사용하며 신전에 바치기도 한다.

새 날

여기저기 이가 빠지고
녹이 슬었다.

무디어진 보습으로 쟁기질 하느라 힘도 빠졌다.
헛심마저 빠지니 허세가 늘고 말만 많다.

말을 그치고 쟁기질 멈추어
이 빠진 낡은 보습을 빼어냈다.
주신 새 날 새 보습으로 갈아 끼운다.

신 새벽 해 뜨는 히말라야 이마처럼 황금빛 충만하다.
이제 어떤 장식도 구차하다.
성령의 검 말씀의 칼이면 된다.
그 어떤 두려움도 주저함도 이젠 없다.

새 날
새벽햇살 날개 빛처럼 자유롭다.

위기

사역자 다르샨이 이복동생과 금전문제로 다투더니 고소를 당하여 재판을 받고 있다.

생활대책으로 스쿨버스용 봉고차 구매하느라 이복동생에게 돈을 빌렸다가 체크(수표)로 갚았는데 은행 계좌에 잔액이 부족한 것이 문제의 발단이 되었다. 동생은 형이 자신을 속이고 사기를 쳤다고 믿고 분한 마음에 고소를 한 것이다. 다르샨은 동생이 자신을 의심하고 고소까지 한 사실에 대하여 괘씸하게 여기고 분노하고 있다. 나이 차이가 많이 나는 동생을 어릴 때부터 부모처럼 돌보고 많은 도움을 주었는데 동생은 그 은혜를 잊어버리고 배신했다고 여기는 것이다.

결국은 법정싸움으로 이어져 수시로 법정 드나드느라고 교회를 제대로 돌보지 못하는 상황이 되었다. 1심에서 손해배상을 하라는 판결과 사기죄로 징역형을 선고 받으며 화해와 합의 권고를 받았다. 화해하지 않으면 구속될 처지가 된 것이다. 다르샨은 즉시 항소하여 법정싸움을 계속했다. 주변에서 많은 사람들이 화해를 하라고 충고했지만 전혀 듣지 않았다. 그러면서 교회는 점점 어렵게 되어 위기를 맞이하게 되었다. 성도들이 교회를 떠나기 시작했고 다르샨의 큰 아들이 아버지를 대신하여 예배를 인도하기도 했다.

이러한 상황에서 힌두교 단체에서 회유가 들어왔다. 자신들이 문제를 돈으로 해결해 줄 터이니 교회를 힌두교에 넘기라는 것이다. 정말로 큰 위기이다. 다르샨은 흔들리는 듯한 모습을 보인다.

다르샨의 집에서 가정교회로 개척되고 부흥하여 교회 건물을 건축하기 까지 얼마나 많이 기도하며 먼 길을 오가며 땀을 흘렸는가? 또 그동안 다르샨과 성도들이 주 안에 서기까지 얼마나 마음을 졸이며 양육을 했는가? 주님의 피로 값 주고 사신 주님의 교회가 힌두교로 넘어가 우상의 신전이 된다니 생각만 해도 끔찍하다.

며칠간 금식을 하고 다르샨을 만났다. 다르샨이 이복동생에게 느끼는 배신감 그리고 이전부터 쌓인 서운한 감정과 분노를 다 털어 놓게 하였다. 다르샨은 가난한 가정 형편 속에서 자신이 돈 벌어서 동생의 학비를 대주기까지 하며 동생을 위해 고생했던 과거의 이야기를 울면서 들려주었다. 거의 서너 달 동안 수시로 만나서 이야기를 들었다. 그때마다 손을 잡고 기도해 주었다. 다르샨의 표정이 점점 밝아지기 시작했다.

그러던 어느 날 다르샨에게 물었다. "베드로가 주님께 형제가 잘못하면 몇 번이나 용서하면 되느냐고 물었을 때 일곱 번씩 일흔 번 이라도 용서하라고 하셨는데 너는 동생을 몇 번이나 용서 했는가?"라고… 한참 후 다르샨은 눈물을 흘리기 시작했다. 이복동생이기에 더욱 애달픈 마음으로 업어주고 부모 노릇까지 하느라 고생했던 기억이 살아나면서 분노의 감정이 녹아지고 동시에 사랑했던 그 마음이 되살아 났다. 하나님 께서 다르샨에게 용서할 마음을 주셨다.

나는 인도인들이 좋아하는 미타이(단과자)를 사서 동생집에 가져다 주라고 다르샨의 손에 들려 주었다. 그리고 즉시 2남2 녀의 자녀들과 함께 동생 집을 방문하도록 했다. 마음이 변해 서 돌아 올까봐 내가 직접 동생의 집 앞까지 차로 태워다 주고 나는 멀리 있는 한적한 공터에 주차해 놓고 차안에서 기도하 였다. 서로 용서하고 화해하도록 성령께서 도와주시기를 그래 서 교회를 살려 주시기를 간절히 기도했다.

얼마나 시간이 흘렀는지 모른다. 전화벨이 울렸다. 흥분한 다르샨의 목소리가 들린다. 화해하고 용서했다는 것이다. 다 음 주에 함께 법원에 가서 합의서에 서명을 하기로 했다고 한 다. 돌아오는 내내 마음이 뜨겁고 눈물이 흐른다.

하나님께서 얼마나 교회를 사랑하시고 하나님의 자녀들을 조건 없이 용서하시는지 그 사랑이 넘친다.

그 사랑으로 또 한 번 큰 위기를 넘겼다.

기도와 눈물로 세우신 주님의 교회를 혹시 잃어버리게 될까봐 불안 해 하고 긴장했던 마음에 평안이 밀려온다.

먼길 돌아오는 차안에서 승리의 기쁨으로 감사의 찬송을 목 이 쉬도록 불렀다.

2015년 12월 10일

추수의 때

제자훈련과 전도집회를 마치고 다른 지역으로 이동을 하는 길에 드넓은 들판을 가로질러 간다. 지금 밀 수확이 한창이다. 가도 가도 끝없이 펼쳐지는 황금 들판엔 수확하는 농부들의 손길이 분주하다.

광활하고 비옥한 농토를 가지고 있는 인도는 식량자급을 넘어 손꼽히는 곡물 수출 국가다. 그러나 13억 인구의 15%는 여전히 기아와 영양부족으로 고통을 당하고 있다고 한다.

도심지 거리를 지나다 보면 어김없이 만나게 되는 두 가지 장면이 있다. 하나는 차가 멈출 때마다 손을 벌리고 달려드는 아이들이다. 약 400만 명의 어린이들이 구걸을 하며 거리에서 살고 있다고 한다.

등장하는 또 하나의 장면은 길거리에 걸어 다니거나 진을 치고 누워있는 소 떼이다. 갑자기 나타나는 소 때문에 교통사고 위험을 느낄 때가 한 두 번이 아니다.

많은 인도인들은 차를 멈추고 소들에게 음식을 먹여주곤 한다. 그래서 길거리의 소들은 하나같이 배가 산처럼 솟아 있다.

이렇게 소들에게는 차를 멈추고 창을 열어 준비된 음식을 먹여주면서도 달려드는 거리의 아이들에게는 여간해서 문을 열지 않는다.

이 땅에서 생산되는 곡식들이 모든 이들에게 차별 없이 골고루 나누어지는 세상이 오려면 속히 이 땅 곳곳에 복음이 전파되고 하나님의 정의가 실현 되어야 한다.

마음이 착잡하다. 할 일은 많은데 일꾼이 너무 부족하다. 나의 열정도 자꾸 식어가는 것 같아 더 걱정이다.

2016년 4월 20일

코끼리와 카스트제도

코끼리는 인도를 상징하는 대표적인 동물이다. 인도인들이 아주 귀하게 여기는 번영의 신 가네쉬가 바로 코끼리이기도 하다.

코끼리는 본래 야생동물이다. 그런데 사람들이 일을 시키기 위해 길들이기를 한다. 아주 어릴 때 앞다리와 뒷다리 사이에 잘 보이지 않는 얇고 질긴 줄을 묶어 놓는다. 그리고 3-4미터 앞에 먹이를 놓으면 그 먹이를 향해 빨리 달려가려고 하다가 묶인 줄에 걸려서 상처를 입고 쓰러진다. 엄청난 고통을 느낀다.

이렇게 몇 차례 반복하면 코끼리는 아무리 앞에 먹을 것이 있어도 결코 달리지 않는다. 코끼리가 성장해서 묶인 줄을 끊을 수 있는 충분한 힘이 있는데도 그러지를 못한다. "나는 달리면 안 된다. 달리면 넘어지고 아플 뿐이다."라는 생각이 코끼리의 의식을 지배하게 된 것이다. 그때에 다리에 묶었던 줄을 끊어 버린다고 한다.

그런데 이상한 것은 다리에 더 이상 사슬이 없음에도 불구하고 코끼리는 달리지 않는다는 것이다. 코끼리 다리에 있던 사슬은 제거되었지만 코끼리의 의식 속에는 여전히 사슬이 남아 있기 때문이다.

어릴 때 사슬에 묶여서 당한 고통과 상처는 사라지지 않고 남아 코끼리의 의식과 행동을 송두리째 억압하는 족쇄가 되어 버린 것이다.

수년간의 인도선교의 현장 경험에서 갖게 된 질문이 있다. '여러 해 동안 영적성장을 위한 양육과 훈련을 거듭하지만 일정 정도까지 와서는 왜 성장을 멈추고 정체하는가?' 그리고 '인도 교회의 역사는 그렇게 오래 되었는데도 여전히 자립하지 못하고 가장 많은 미전도 종족을 가진 피선교지로 남아 있는 것일까?' 하는 것이다.

제자들과 가까워지면서 개인적인 문제에 대하여 대화를 하는 중에 문제의 원인은 카스트제도와 연관이 있다는 사실을 발견하게 되었다.

사역자들은 대부분 신분이 낮은 카스트 출신이다. 태어나기 전부터 멸시와 차별을 받았고 자라나면서 감당하기 어려운 인격적 육체적 폭력을 당하면서 그들의 내면에는 아주 깊은 상처가 생기게 되었다. 특별히 부모들이 노예처럼 얻어맞고 멸시를 당하는 것을 보면서 회복될 수 없는 좌절감을 맛보고 '나는 어쩔 수 없는 천민이다'는 낙인이 찍힌다.

그리고 체념하게 된다. 변화와 성장이라는 단어는 낯설고 아예 생각조차 할 수 없게 된다. 이러한 내면의 상처가 족쇄가 되어 변화와 성장을 방해한다.

그러다 보니 하나님의 사랑과 은혜를 받아들이는 것이 힘들다. 누구에게도 사랑을 받아본 적이 없기 때문이다.

이 사실을 알고 나서는 즉시 훈련과 양육방식을 바꾸고 제자들 내면의 이야기를 듣기 시작했다. 영성훈련을 실시한 지난 주간에도 제자들은 밤을 새워가며 자신들이 어려서부터 당한 일들과 상처들을 울면서 서로 이야기 하는 동안 내면의 상처들을 드러낼 때 치유가 이루어짐을 함께 체험하였다.

그들의 표정이 밝아지고 성장에 대한 자발적 의지와 의욕을 갖기 시작하였다.

이들의 변화를 통하여 인도가 변화되고 정의와 평화가 넘치는 하나님 나라가 임하기를 기도한다.

2016년 8월 27일

일어나라!

일어나라, 사랑하는 친구여!

네 이름에 붙여진 천민이라는 낙인은 너의 부모의 잘못이 아니라 가진 자들의 탐욕이 지어낸 거짓이다.

네가 태어나면서 물려받은 가난은 너의 조상의 죄가 아니라 태어나면서부터 배부른 자들의 도둑질 때문이다.

네가 몸이 부셔져라 일해도 너의 가족들이 늘 배가 고픈 것은 너의 가족이 하루 한 끼 먹을 로띠가 부족해서가 아니라 식량을 독점한 자들이 너의 가족이 먹을 로띠까지 제물로 바치고 소에게 던지기 때문이다.

네가 열심히 공부해도 너의 인생이 바뀌지 않는 것은 너의 지식이 부족해서가 아니라 지식 없는 자들이 두려움에 문을 안에서 잠가 버렸기 때문이다.

네가 너의 아버지 보다 더 좋은 직장에서 일할 수 없는 것은 너의 능력의 문제가 아니라 조상 대대로 위에 앉은 자들이 자신들을 위하여 만든 자신들의 법들을 너에게 강요하기 때문이다.

이 넓은 대륙 힌두스탄에 너를 위한 땅 한 평 없는 것은 너의 조상이 팔아먹었거나 너의 부모가 게을러서가 아니라 처음부터 땅에다 재빠르게 금을 긋고 내 것이라 우기며 죽어라 말뚝을 박은 자들과 그들의 후손들이 한 번도 망하지 않았기 때문이다.

이토록 조상대대로 너희의 가문이 지긋지긋하게 변함이 없는 삶을 살아야 하는 이유는, 그 진짜 이유는 그 이유조차도 묻지 못하도록 너의 입을 막는 지혜의 신 가네쉬의 긴 코 때문이고 이토록 불의한 세상을 바꿀 생각조차 하지 못하도록 변화와 파괴는 자신에게 맡기라고 망치와 칼을 휘두르는 파괴의 신 시바 덕분이다.

저들이 그렇게 어리석을 수 있는 것은 저들이 그어 놓은 거짓의 선을 넘지 말라고 넘으면 다음 세상에서 큰 코 닥친다고 협박을 해도 그러려니 속아주는 너무나 착한 너희의 조상들이 있었기 때문이다.

지금 저들의 후손들은 자신들을 지배하던 유나이티드 킹덤 (UK, 영국)에서 유학을 하고 돌아와 천국 같은 삶을 누리고 더러는 아메리카로 진출하여 최첨단 기업의 사장이 되어 돌아오는데 어찌하여 너희들의 어미와 누이들은 한 치의 변화도 없이 저들의 그릇과 변기를 반질반질 윤이 나게 닦아야 하고 기름 냄새 진동하는 탄두리치킨을 굽고 돌아와서는 구석기 시대의 마른 소똥으로 눈물 콧물 흘려가며 너의 희멀건한 밥을 지어야 하는가?

너의 아비와 동생들은 짜이 한잔으로 주린배를 달래며 저들의 쓰레기를 치우고 저들의 대문을 지키며 총알도 없는 빈총을 메고 일 없이 서서 대책 없는 밤낮을 언제까지 졸면서 살아야 하는지 너는 생각이나 해 보았니?

아니, 한번이라도 고개를 들어 너의 눈을 똑바로 뜨고 저들의 두꺼운 눈을 보기나 했니? 고대로부터 완벽하게 보전된 그놈의 카스트제도의 피라미드에 조금이라도 흠이 가거나 찌그러질까봐 눈을 부릅뜨고 깨어 지키고 있는 저들의 수많은 파수꾼들을 너는 보았니?

실제 총알이 든 권총을 허리에 차고 기다란 몽둥이를 휘두르며 '힌두스탄의 영원한 영광을 위하여!'를 외치며 중세의 기사처럼 힌두신의 영광을 위해서라면 할복이라도 할 듯이 일어나 거침없이 활보하는 전사들을 보고나 있는지?

나의 사랑하는 친구야!

정작 깨어 나야할 사람들은 저들이 아니라 죽은 듯이 잠자는 척 했던 너희들이다.

진정으로 떨쳐 일어서야 할 자들은 저들이 아니라 조상 대대로 빼앗기고 억눌려, 억눌려 있는지도 모르고 살아온 너희들이다.

깨어라 친구들아!

수천 년 수백 년 짓눌려서 무겁게 감겨버린 눈을 뜨고 하늘을 보라!

　너희들은 태어나면서 천민(賤民)이 아니라 천민(天民)이다.
하늘의 백성이다.
　너희들은 불가촉천민이 아니고 택함 받은 하나님의 자녀
들이다.

2016년 10월 7일

성탄절과 아이스 티(Ice Tea)

인도인들은 남녀노소 할 것 없이 "짜이"라고 부르는 차를 즐겨 마신다. 짜이를 마시면서 대화하는 것을 좋아한다. 그래서 어디를 가든지 짜이잔을 들고 이야기하는 사람들을 흔히 볼 수 있다. 찻잔을 들고 오랫동안 앉아있는 느린 모습이 때로는 갑갑해 보이기도 하지만 그래도 여유있고 평화롭게 보이는 인도의 대표적 풍경 중 하나이다.

성도들의 가정을 방문하면 가는 집마다 정성껏 짜이를 대접한다. 다 같은 짜이지만 가정마다 맛과 향의 특징이 있고 차이가 있다. 어떤 집은 설탕을 많이 넣어 달달하게 끓이고 어떤 집은 마살라(인도향신료)를 넣어 향을 내기도 한다. 또 어떤 집은 생강을 으깨어 넣어 깔끔한 맛을 내기도 한다. 나는 생강을 넣은 짜이를 좋아한다.

델리 사역지에서는 이번 성탄절에 성도들에게 선물로 아이스 티를 나누어 주었다. 보통 짜이는 우유 섞은 물에 차와 설탕을 넣고 끓여서 따뜻하게 마시는데 더운 여름철에 끓이지 않고 냉수에 타서 시원하게 마실 수 있도록 나온 상품이 아이스티이다.

이곳 델리의 겨울은 얼음이 얼 정도로 그렇게 춥지는 않지

만 제법 쌀쌀하다. 그러니 겨울에 아이스티를 마실 일은 거의 없다. 찾는 이가 없으니 가격도 저렴하다. 지혜로운 사역자 짠드는 아이스티를 아주 저렴하게 많이 구입해서 많은 성도들에게 나누어 줄 수 있었다.

쌀쌀한 겨울에 어쩌면 생뚱맞은 선물처럼 보일 수 있는 아이스티를 받아 든 성도들은 사역자의 알뜰함과 지혜를 칭찬하며 오히려 두 배로 기뻐하였다.

다가올 무더위에 우리 성도들은 시원한 차를 마시며 하나님의 은혜를 감사할 것이다.

2016년 12월 29일

생명 살리는 도구로 쓰임받기 원합니다

히말라야 난다데비 아래 사는 친구 디피(DP)로부터 딸을 낳았다는 기쁜 소식이 왔다. 즉시 축하한다고 기도하겠노라고 전화를 해 주었다.

디피는 작년 3월, 같은 지역에 살던 같은 카스트의 예쁜 아가씨와 결혼을 했는데 초대를 받아 일주일 동안 진행되는 결혼식에 참석하였었다.

가정이나 사업에 어떤 중요한 일이 생기면 함께 의논하는 친구이기에 딸을 낳았다는 소식을 듣고 무척 기쁘고 감사했다. 그런데 몇 시간이 지나 다시 연락이 왔다. 아기 상태가 안 좋아져서 병원에 입원했다는 것이다. 그리고 기도를 부탁했다. 디피는 그동안 나를 통해 수시로 복음을 들었고 하나님과 예수님에 대하여 조금씩 알아가는 중이다. 그러나 아직은 힌두교도이다. 그런데 지금 딸을 낳았는데 아프다고 긴급하게 기도를 부탁하고 있는 것이다.

나는 그 어느 때 보다도 더 간절하게 기도하기 시작했다. 아기의 생명을 지켜주셔서 디피의 가정에 하나님의 영광을 나타내 보여 주시기를 기도하였다.

그리고 이튿날 다시 연락이 왔는데 아기의 상태가 점점 더 나빠져서 멀리 떨어진 큰 병원으로 옮겨 인큐베이터 치료를 받게 되었다는 것이다.

얼마 지나지 않아 아기의 숨이 멎었다는 슬픈 문자를 받았다. 가슴에 통증이 느껴졌다. 하나님은 살아계시고 너를 사랑하시기에 아기를 살려 주실 것을 믿고 기도하자고 불과 몇 시간 전에 힘주어 말을 했는데 그만 아기가 숨을 거둔 것이다. 디피에게 다시 무슨 말을 어떻게 해야 할지 막막했다. 도무지 할 말을 찾을 수가 없어 조용히 기도하고 있다가 전화로 말하기 보다는 찾아가서 직접 손을 잡아주기로 하고 아내와 함께 길을 나섰다.

꼬박 하루를 밤낮없이 운전해서 가야하는 멀고 험한 히말라야 길이다. 그곳에 가기 위해서는 크고 작은 도시들을 통과해야 한다.

루루끼 근처 외곽 도로를 지나가고 있을 때였다. 달리는 나의 차 바로 앞에서 4세 정도로 보이는 여자 아이가 갑자기 찻길로 뛰어든 것이다. 아무리 급정거를 해도 피하기 어려운 거리라는 것을 직감하면서 있는 힘을 다해 브레이크를 밟았다. 차는 어떻게 멈추었는데 아이가 보이지 않았다. 차 밑으로 깔린 것으로 짐작이 되어 순간 머릿속이 하얘졌다.

"하나님! 생명을 살리려고 여기까지 왔는데 생명을 죽일 수는 없습니다!"

수많은 사람들이 몰려들었다. 차 문을 열려는 찰나 아이의 아버지로 보이는 사람이 차 바로 앞에서 아이를 안고 일어섰다. 아이의 우는 소리가 크게 들렸다. 일단 죽지는 않았다는 사실에 안도하고 감사했다. 자세히 보니까 아이의 옷자락 한 군데도 긁히거나 찢어지지 않았고 아이는 손가락 하나 상하지

않은 채 눈물만 펑펑 쏟으며 우는 것이었다. 많이 놀라기는 했지만 다치지는 않은 것이다. 차 문을 열고 아이의 아버지에게 아이가 괜찮으냐고 물었더니 '정말 괜찮다고 걱정 말고 어서 가라'고 하면서 손짓을 한다.

 그 모습이 마치 천사의 모습 같았다. 차의 시동을 걸고 천천히 출발을 하는데 몰려 들었던 사람들이 모두 웃으면서 손을 흔든다. 한참을 가다 길가에 차를 세우고 내려서 앞 범퍼를 살펴보았지만 아무런 흔적도 없다. 아무리 생각을 해 봐도 아이가 어떻게 살았는지 알 수 없고 이해가 되지 않는다. 하나님께서 나의 힘으로 세울 수 없는 차를 세우셨고 하나님께서 아이를 안아서 막아주신 것이다.

하나님의 은혜를 감사하며 무사히 디피의 집에 도착하여 디피부부와 가족들을 위로하며 다시 말씀을 전하였다. 아기의 죽음을 생각보다 담담하게 받아들이는 모습을 보니 오히려 마음이 짠하고 아프다. 이 가정에 새로운 은혜를 주시고 구원해 주시기를 기도하며 며칠을 함께 시간을 보내다 돌아왔다.

내가 그토록 살려 주시기를 원하였던 생명은 거두어 가셨고 반대로 내가 본의 아니게 죽게 할 뻔한 생명은 하나님께서 살리셨다.

그렇다. 나는 사람의 생명을 살릴 수도 없고 죽게 할 수도 없다. 나에게 그러한 자격도 능력도 없다. 생명을 주관하시는 하나님께서 나를 생명을 살리는 도구로 사용해 주시기를 기도할 뿐이다.

다시 한번 내 인생의 운전대를 하나님의 손에 맡긴다.

2017년 8월 23일

안식년을 맞으며

나는 정말 아무것도 아니다.

목회를 시작한 이후 27년, 인도 선교지에 온 지 12년 만에 처음으로 안식년을 맞는다. 이런 특별한 은혜를 누리게 되다니 참으로 감사하다.

최근 들어 사역을 진행할 수 있는 내 안의 모든 에너지가 바닥이 났다. 그러면서 나의 약함이 적나라하게 드러나니 이제 의지력만으로 버티기는 어려운 현실에 직면하게 되었다. 언제 어디서 어떤 문제와 사고가 생길지도 모른다는 위기감을 느낀다. 이런 상태로 선교지에서 계속 산다면 사역을 위해서가 아니라 나 자신의 생존을 위해 겨우 버티는 모양새가 될 것이다.

이렇게 한계에 직면한 나의 초라한 실존을 보니 이 모습으로 그동안 어떻게 살아왔나 싶고 큰 사고 없이 지내온 것이 기적 같다. 이것이 바로 연약한 내가 오직 은혜로 살아 왔다는 증거이고 또한 '나는 정말 아무것도 아니다'라는 고백을 할 수밖에 없는 점이다.

허물 많은 나의 인간적인 모습과 선교하는 방법이 멀리에서 보기에도 많이 부족해 보였을 것이다. 그럼에도 불구하고 변함없이 기도로 물을 주시고 사랑으로 거름을 뿌려주신 선교 동역자님들의 수고에 비하면 나는 정말 아무것도 아니다.

그나마 나의 삶이 선교사의 삶이었다고 말할 수 있는 것은 신분을 드러낼 수 없는 한계와 긴장이 늘 있었지만 인도인들의 좋은 친구 그리고 좋은 이웃이 되려는 노력을 포기하지 않음으로 나의 생각과 삶이 하나님께서 만나게 해 주시는 인도친구들과의 사귐 한 가운데 있었다는 점이다. 그리고 무엇보다도 해산의 수고를 통하여 북인도 곳곳에 보내져 오늘도 복음을 위해 목숨을 걸고 쟁기질을 하고 있는 제자들 덕분이다.

그동안 선교지에서 기록했던 나의 선교일지에는 여기에 이렇게 뽑아서 싣는 이야기보다 부끄러워 꺼내놓고 담을 수 없는 이야기와 글들이 훨씬 더 많다. 새로운 언어로 복음의 씨를 뿌리기 위해 황무지 같은 이 땅을 쟁기질하며 겪은 삶은 훨씬 더 치열했고 고통스러웠다. 그리고 때로는 더 어리석고 게을렀을 것이다. 더구나 하나님께서 보시는 진짜 나의 모습은 내가 알고 있는 것 보다 더 형편없이 부족하고 여기에 표현한

것 보다 더 벌거벗은 비참한 모습일 테다. 하나님께서 보시기에 나는 정말 아무것도 아닐지 모른다. 그래서 다시 길을 떠나기 전에 철저하게 회개하고 더 맑아져야할 필요를 절실하게 느낀다.

안식년에 어디 가서 무엇을 하겠다는 계획은 없다. 오직 주님 안에 들어가서 주님과 함께 먹고 마시며 안식과 쉼을 얻고 싶다.

그 후에 주님께서 새 힘을 주시고 다시 기회를 주신다면 오직 소명이라는 봇짐 하나 들고 광나루 언덕을 처음 오르던 시절 가졌던 그 첫사랑을 품고, 빈 들 삼고리에서 처음 목회를 시작했던 당시의 그러한 순수한 열정을 회복하여 다시 시작하고 싶다.

그냥 이대로는 어디로도 갈 수 없다.

한강이 내려다 보이는 뵈뵈하우스에서

2017년 11월 1일